실무에서 바로

파워포인트 디자인

[머리말]

약 10년간 파워포인트 관련 콘텐츠를 제작하며 학생들의 니즈를 파악해온 결과 그들이 원하는 것은 딱 한 가지였습니다.

"파워포인트로 보고서 및 제안서 등의 다양한 자료를
최대한 빨리 만드는 것"

저는 이것에 중점을 두고 책을 집필했습니다. 많은 분이 제가 만든 템플릿을 보며 저처럼 PPT를 만들고 싶어 합니다. 비슷하게 만들 수 있을 것 같다고 생각하는 분들도 막상 따라 해보니 어렵다는 반응이 대부분이었습니다.

이 책은 1장에서 필수적으로 알고 있어야 할 파워포인트의 기본 기능을 소개하고, 2장부터 파워포인트를 디자인하는 다양한 방법을 반복 훈련합니다. 책을 통해 파워포인트를 작업하며 놓쳐왔던 디테일을 짚고, 올바른 작업 습관을 들인다면 여러분도 충분히 깔끔하고 퀄리티 있는 PPT를 만들 수 있습니다.

PPT의 퀄리티를 높이는 것은 생각보다 간단합니다. 하지만 퀄리티 있는 PPT를 빨리 만드는 것은 다른 문제입니다. 'Shift를 적절하게 활용할 수 있는가', '텍스트 상자의 성질을 제대로 이해하고 있는가', '단축키를 제대로 활용할 줄 아는가' 등 세세한 부분들이 모여야 해결 가능한 문제이기 때문입니다.

저는 PPT 외주 작업과 파워포인트 관련 콘텐츠 작업을 하면서 불필요한 클릭을 없애거나, 단축키를 사용하여 두세 번의 과정을 한 번으로 줄이는 등 작업 시간을 단축하는 습관을 체득해왔기 때문에 퀄리티 있는 PPT를 빠른 속도로 만들 수 있게 되었습니다. 이러한 저의 파워포인트 작업 습관과 노하우를 책에 그대로 담아 놓았습니다.

이 책의 학습 목표는 '저의 파워포인트 작업 습관을 여러분들에게 전달하는 것'입니다. 제가 이 책에서 말하고 있는 파워포인트 핵심 정보들을 여러분의 것으로 만들기 위해 노력한다면 파워포인트 작업 속도는 지금보다 1.5배 빨라질 수 있습니다.

너무 대단한 결과물을 만들려고 하지 않아도 됩니다. 다른 사람이 봤을 때 인상 찌푸려지지 않을 정도의 PPT를 빠르게 만들 수 있으면 충분합니다. 책을 보며 하루에 30분씩 꾸준히 연습하면 점점 발전하는 자신과 마주할 수 있을 것입니다. 부디 이 책이 여러분들에게 작게나마 도움이 됐으면 좋겠습니다. 감사합니다.

피도리

[이 책의 구성]

이 책은 파워포인트 필수 기능을 소개한 후 실습 예제를 통해 파워포인트 디자인 감각을 익힐 수 있도록 구성하였습니다. Microsoft 365 버전을 기준으로 작업하였기 때문에 Microsoft 365 이하 버전을 사용할 경우 파워포인트 사용자 환경(UI)이 책의 이미지와 다를 수 있습니다. 책을 보며 예제를 따라할 때는 Microsoft 365 버전 또는 PowerPoint 2013 이상 버전을 사용할 것을 권장합니다.

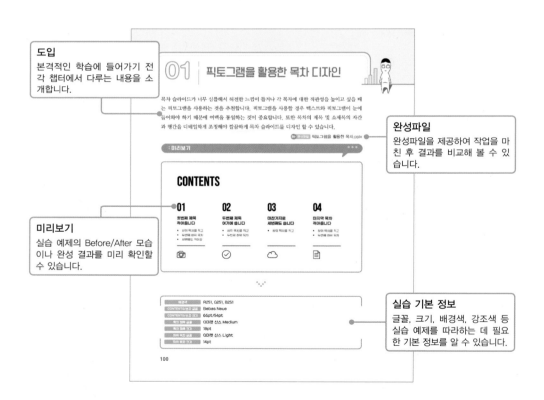

도입
본격적인 학습에 들어가기 전 각 챕터에서 다루는 내용을 소개합니다.

완성파일
완성파일을 제공하여 작업을 마친 후 결과를 비교해 볼 수 있습니다.

미리보기
실습 예제의 Before/After 모습이나 완성 결과를 미리 확인할 수 있습니다.

실습 기본 정보
글꼴, 크기, 배경색, 강조색 등 실습 예제를 따라하는 데 필요한 기본 정보를 알 수 있습니다.

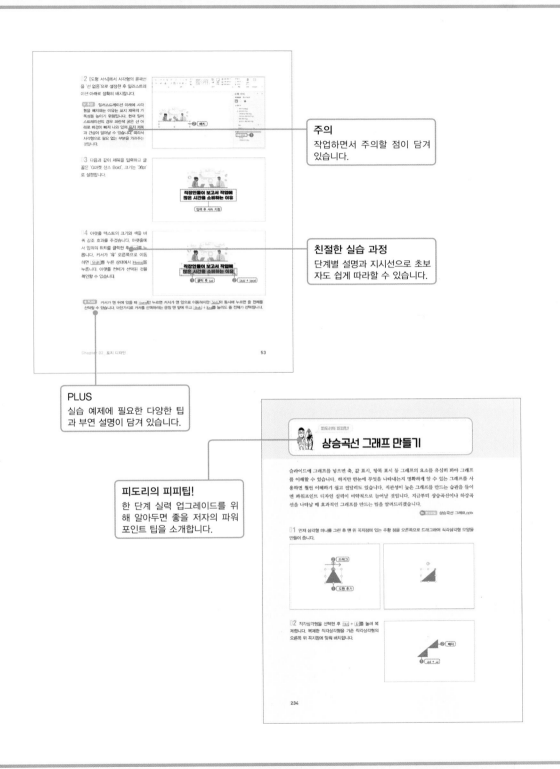

주의
작업하면서 주의할 점이 담겨
있습니다.

친절한 실습 과정
단계별 설명과 지시선으로 초보
자도 쉽게 따라할 수 있습니다.

PLUS
실습 예제에 필요한 다양한 팁
과 부연 설명이 담겨 있습니다.

피도리의 피피팁!
한 단계 실력 업그레이드를 위
해 알아두면 좋을 저자의 파워
포인트 팁을 소개합니다.

상승곡선 그래프 만들기

[목차]

Chapter 01

파워포인트의 필수 기능

표지 디자인

⬇ 완성파일 다운받기

① 시대인 홈페이지(https://www.sdedu.co.kr/book)에 접속하여 로그인합니다. 회원이 아닌 경우 [회원가입]을 클릭하여 가입한 후 로그인합니다.

② 상단 메뉴에서 [프로그램]을 클릭하고 검색 창에서 '실무에서 바로 쓰는 파워포인트 디자인'을 검색한 후 완성파일을 다운로드 받습니다.

⬇ 글꼴 다운받기

실습 예제를 따라할 때 필요한 글꼴을 다운받을 수 있는 사이트를 소개합니다. 글꼴을 다운 받은 후 글꼴 파일 위에서 마우스 오른쪽 버튼을 클릭하고 [설치]를 클릭하면 자동으로 컴퓨터에 글꼴이 설치됩니다. 글꼴은 TTF로 다운받을 것을 권장합니다.

| Bebas Neue |
https://fonts.google.com/?query=bebas

| G마켓 산스 |
http://company.gmarket.co.kr/company/about/company/company─font.asp

| Montserrat |
https://fonts.google.com/specimen/Montserrat?query=Montserrat

| 나눔스퀘어 |
https://hangeul.naver.com/font/nanum

작업 시간을 줄여주는
파워포인트 단축키

책을 본격적으로 시작하기에 앞서 알아두면 좋은 파워포인트 단축키를 소개합니다. 파워포인트의 전체 단축키 중 활용도가 높은 것만 골라 정리했습니다. 아래 단축키를 기억해 두면 파워포인트 작업 속도를 월등히 높일 수 있습니다. 실습 예제를 학습할 때 단축키를 반복 사용하면 자연스럽게 외워질 수 있으니 연습해 보세요!

• 자주 사용하는 단축키

Ctrl + A 슬라이드 내 모든 개체 선택

Ctrl + D 복제(간격까지 복사)

Ctrl + X 잘라내기

F5 슬라이드 쇼 처음부터 시작하기

Shift + F5 슬라이드 쇼 현재 슬라이드부터 시작하기

Ctrl + P 인쇄하기

Ctrl + C 복사 / Ctrl + Alt + V 그림으로 붙여넣기

Ctrl + S 저장하기 / Ctrl + Shift + S 다른 이름으로 저장하기

Ctrl + G 그룹화하기 / Ctrl + Shift + G 그룹화 해제하기

Ctrl + Z 실행 취소하기 / Ctrl + Y 실행 취소 번복하기

Ctrl + N 새로운 파일 만들기

Ctrl + M 새로운 슬라이드 만들기

Ctrl + Shift + C / Ctrl + Shift + V 서식 복사/붙여넣기

• 텍스트 클릭 + 단축키

Ctrl + E 단락 가운데 맞춤 / Ctrl + L 단락 왼쪽 맞춤 / Ctrl + R 단락 오른쪽 맞춤

Ctrl + B 텍스트 굵게하기

Ctrl + I, I 텍스트 크기 조절하기 / Ctrl + Shift + ⟨, ⟩ 텍스트 크기 조절하기

- 마우스 오른쪽 버튼 클릭 + 단축키

  슬라이드 빈 공간 마우스 오른쪽 클릭 + B 배경서식

  개체를 선택하고 마우스 오른쪽 클릭 + O 도형서식

- 정렬 클릭 + 단축키

  R 선택한 개체 맨 앞으로 가져오기

  K 선택한 개체 맨 뒤로 보내기

  A, A 모든 개체의 정렬 기준을 슬라이드 기준으로 바꾸기

  A, O 모든 개체의 정렬 기준을 선택한 개체에 맞추기 (디폴트)

- 정렬 클릭 + 단축키(디폴트 값을 기준으로)

  A, T 모든 개체 중 가장 위에 있는 것을 기준으로 위쪽 정렬

  A, C 모든 개체의 전체 가로 길이를 기준으로 가운데 정렬

  A, B 모든 개체 중 가장 아래 있는 것을 기준으로 아래 정렬

  A, L 모든 개체 중 가장 왼쪽에 있는 것을 기준으로 왼쪽 정렬

  A, R 모든 개체 중 가장 오른쪽에 있는 것을 기준으로 오른쪽 정렬

  A, M 모든 개체의 전체 세로 길이를 기준으로 중간 정렬

  A, H 모든 개체의 가로 간격을 일정하게

  A, V 모든 개체의 세로 간격을 일정하게

  O, H 선택 개체 가로 반전

  O, V 선택 개체 세로 반전

  O, L 선택 개체 왼쪽으로 90도 회전

  O, R 선택 개체 오른쪽으로 90도 회전

흔히 하는 파워포인트
디자인 실수 5가지

파워포인트를 작업할 때 일반적으로 많이 하는 디자인 실수 5가지에 대한 해결 방안을 공개합니다. 이런 몇 가지 문제들에 대한 해결책을 알고 있으면 파워포인트 작업 실력이 향상되고, PPT의 퀄리티를 한층 더 높일 수 있습니다.

Problem 한 슬라이드에 여러 개의 주제가 들어가 있어요.

Solution 많은 분이 시간에 쫓겨 PPT를 만들다 보니 중구난방으로 콘텐츠를 넣다가 가독성과 직관성이 떨어지는 결과물을 만드는 경우가 많습니다. 파워포인트를 작업할 때는 제일 먼저 슬라이드마다 어떤 내용을 쓸 건지 주제를 선정해야 합니다. 그래야 전하고자 하는 내용을 명확하게 전달할 수 있습니다.

Problem 사진이 없어서 텍스트만 나열했어요.

Solution 파워포인트를 디자인할 때 어떻게 디자인해야 할지 감을 잡지 못해 저지르는 실수입니다. 많이 꾸밀 필요도 없지만 그렇다고 텍스트만 나열하면 너무 심심해 보일 수 있습니다. 파워포인트는 기본적으로 보는 사람이 보기 좋게 만들어야 하는 문서입니다. 마냥 텍스트만 나열하면 워드나 엑셀과 다르지 않습니다. 내용이 한눈에 들어오도록 깔끔하게 도식화하면 청자를 배려하는 가독성 좋은 PPT를 만들 수 있습니다.

Problem 텍스트 정리가 잘 안 돼요.

Solution 대부분 텍스트를 입력할 때 생각나는 대로 문장을 입력하고, 모든 문장을 한 텍스트에 욱여넣으려고 하는 경향이 있습니다. 콘텐츠를 나열할 때는 그 양의 통일성이 굉장히 중요합니다. 콘텐츠의 양이 크게 차이나고 들쑥날쑥하면 좋은 디자인이 나올 수 없기 때문입니다. 문장이 길어지면 보는 사람 입장에서 여러 차례 읽어야 할 수 있기 때문에 최대한 간결하게 입력해서 한 번에 읽힐 수 있게끔 텍스트를 정리해 주는 것이 좋습니다.

Problem 콘텐츠가 한쪽으로 치우쳐 있어요.

Solution 여백을 통일하는 것은 PPT의 퀄리티를 높이는 굉장히 중요한 작업입니다. 여백을 통일하면 전체적으로 안정감을 주기 때문에 PPT를 보는 사람의 눈을 한결 편하게 만듭니다. 따라서 여백 통일은 PPT를 만들 때 습관처럼 당연시되어야 합니다. 여백이 통일되지 않으면 본능적으로 불편함을 느낄 정도로 신경 써서 여백을 맞추는 습관을 들이길 바랍니다.

Problem 디자인 요소 때문에 텍스트가 잘 안 보이는 것 같아요.

Solution 이런저런 요소를 추가하며 화려하게 꾸미는 것만이 디자인이 아닙니다. 콘텐츠의 양을 조절하여 도식화하고 여백을 통일시켜 깔끔한 PPT를 만드는 모든 과정이 디자인에 포함됩니다. 파워포인트를 작업할 때는 불필요한 꾸밈은 빼고 여백을 통일시켜 주제 텍스트를 강조하는 것이 좋습니다. 간혹 사람들의 시선을 붙잡기 위해 화려한 디자인이 필요한 경우도 있긴 하지만, 웬만하면 최대한 텍스트가 눈에 들어오도록 깔끔하게 디자인하는 것을 권장합니다. '많이 꾸미지 말라 = 디자인에 공을 들이지 말라'라는 의미로 받아들이지 말고, 기본적인 요소를 지켜가며 주제가 눈에 들어오는 PPT를 만드는 것이 중요합니다.

파워포인트는 많은 사람에게 효과적으로 메시지를 전달하고자 할 때 시각 자료로 활용할 수 있는 프로그램입니다. 보통 조별 과제와 같은 공동 작업을 하거나 발표할 때 파워포인트를 자주 사용합니다. 그렇기 때문에 학생들이나 직장인들에게 파워포인트는 필수로 다룰 줄 알아야 하는 프로그램입니다. 파워포인트를 디자인하는 방법에 대해 알아보기 전에 파워포인트에서 반드시 알아야 할 필수 기능에 대해 먼저 살펴보겠습니다.

파워포인트의 필수 기능

01 | 개체 복제 기능

우리가 흔히 말하는 복사 기능은 단축키 Ctrl + C, Ctrl + V를 사용하여 특정한 개체 혹은 텍스트를 복사하고 붙여넣는 것입니다. 하지만 파워포인트 특성상 동일한 간격으로 일정하게 개체를 배치하는 경우가 많다 보니 복사 기능을 사용하면 효율이 크게 떨어질 수밖에 없습니다. 파워포인트에서 제공하는 복제 기능은 간격까지 똑같이 복제해주는 특징이 있습니다.

복제 기능 연습하기

Ctrl + D는 개체를 일정한 간격으로 복제할 수 있는 단축키입니다. 먼저 개체를 클릭하고 Ctrl + D를 눌러 복사한 후 원하는 위치에 배치합니다. 다시 Ctrl + D를 연속해서 누르면 동일한 간격에 맞춰 개체가 복제됩니다. 이 개념이 익숙해지면 Ctrl + D만 눌러서 개체 복제 기능을 사용할 수 있으나 처음이라 헷갈리는 독자분들을 위해 Ctrl + C를 누르고 Ctrl + V 대신 Ctrl + D를 눌러서 연습하는 과정을 살펴보겠습니다.

01 우선 파워포인트 메뉴의 [홈] − [그리기]에서 [직사각형(□)]을 클릭한 후 사각형 개체를 만들고 Ctrl + C를 눌러 복사합니다.

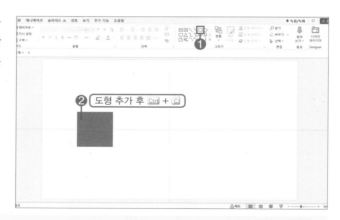

+PLUS 도형을 클릭하면 각 꼭짓점과 꼭짓점의 중간 지점에 총 8개의 점이 찍히고 위쪽에는 회전 툴이 나타납니다. 이는 도형을 클릭하면 나타나는 파워포인트의 기본적인 기능입니다.

02 Ctrl + D 를 눌러 사각형을 복제합니다.

03 지금까진 복사 붙여넣기와 똑같습니다. 복제된 사각형을 원하는 위치에 배치합니다.

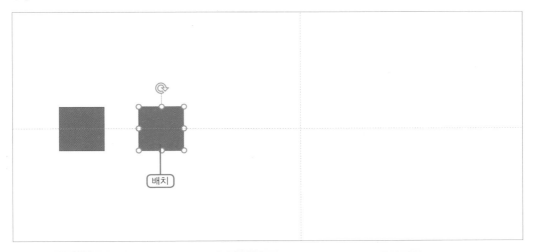

주의 마우스로 다른 곳을 클릭하거나 드래그하지 마세요! 복제한 상태에서 선택을 풀고 다른 곳을 클릭하거나 드래그하면 복제 기능을 사용할 수 없습니다.

04 복제된 사각형을 선택한 상태에서 Ctrl을 누르고 D를 연속으로 눌러 줍니다. 간격까지 똑같이 복제되는 것을 확인할 수 있습니다.

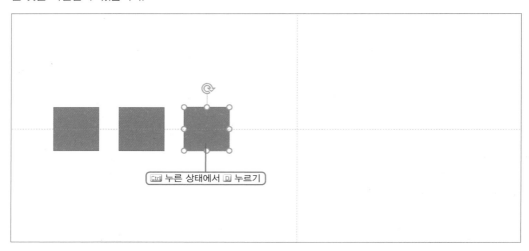

05 Ctrl + D를 이용한 복제 기능은 그래프를 만들거나 정렬할 때 시간을 절약해주는 파워포인트의 기초이자 매우 중요한 기능입니다. Ctrl + D를 계속해서 눌러 원하는 수만큼 복제할 수 있습니다.

서식 복사 및 붙여넣기

서식을 복사하는 기능은 텍스트의 서식을 통일할 때 많이 사용합니다. 텍스트 서식뿐만 아니라 도형 서식을 복사하는 것도 가능해서 다양하게 활용할 수 있는 파워포인트의 필수 기능입니다. 서식 복사 기능이 익숙해지면 파워포인트 작업 속도를 높일 수 있습니다.

도형 서식 복사 및 붙여넣기

서식 복사 기능은 특정 개체에 설정한 서식 자체를 복사하는 것이기 때문에 도형과 텍스트 등 파워포인트에서 인식할 수 있는 개체라면 모두 사용할 수 있습니다. 먼저 서식 복사 기능을 도형에 적용해 보겠습니다.

01 복제 기능을 사용하여 사각형 개체 5개를 만듭니다.

02 사각형을 선택하고 마우스 오른쪽 버튼을 클릭한 후 [도형 서식]을 선택합니다.

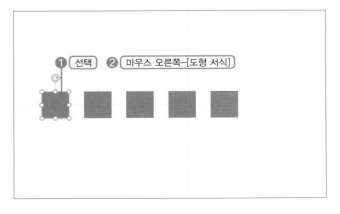

03 맨 왼쪽에 있는 사각형의 서식을 바꿔 보겠습니다. [도형 서식]에서 선 너비를 '5pt'로 설정하여 두껍게 만들고 색을 '검은색'으로 바꿔 줍니다. 이어서 Ctrl + Shift + C 를 눌러 서식을 복사합니다.

+PLUS 기존 복사 단축키인 Ctrl + C 에서 Shift 가 추가된 것입니다.

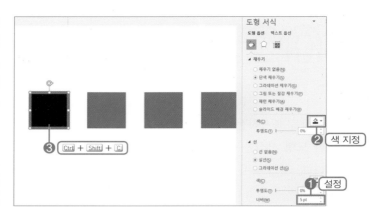

04 이번에는 나머지 사각형 4개를 선택하고 Ctrl + Shift + V 를 누릅니다.

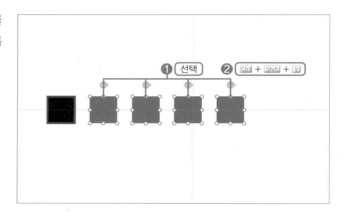

05 나머지 사각형에 맨 왼쪽 사각형과 같은 서식이 복사된 것을 확인할 수 있습니다.

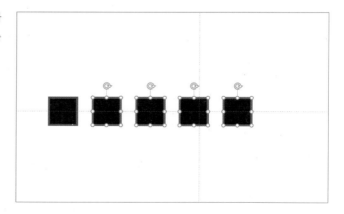

텍스트 서식 복사 및 붙여넣기

이번에는 서식 복사 기능을 텍스트에 적용해 보겠습니다.

01 서식이 다른 텍스트가 있을 때 역시 해당 텍스트를 클릭하고 Ctrl + Shift + C를 눌러 서식을 복사합니다.

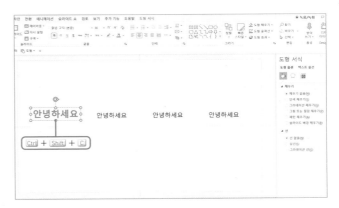

02 나머지 텍스트 3개를 선택합니다.

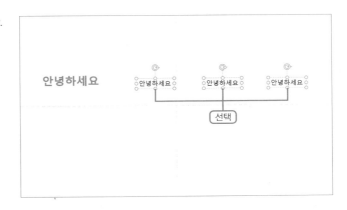

03 마찬가지로 Ctrl + Shift + V를 눌러 복사한 서식을 붙여넣습니다. 나머지 텍스트에 맨 왼쪽 텍스트와 같은 서식이 복사된 것을 확인할 수 있습니다.

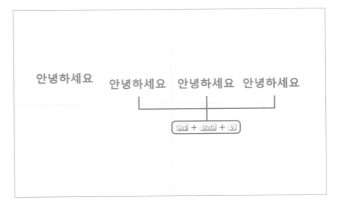

03 | 슬라이드 마스터

슬라이드 마스터는 파워포인트 초보자들이 어려워하는 기능 중 하나입니다. 슬라이드 마스터는 슬라이드의 배경이 되는 템플릿을 만드는 것입니다. PPT를 만들 때 배경으로 만들어 놓은 템플릿이 자꾸 움직이거나 선택되면 불편하기 때문에 슬라이드 마스터에서 작업한 결과물은 일반 슬라이드에서 선택하거나 수정할 수 없습니다.

🗂 **완성파일** 슬라이드 마스터 예시.pptx

슬라이드 마스터란?

슬라이드 마스터는 많은 양의 슬라이드에 반복적인 작업을 할 때 효율적으로 사용할 수 있습니다. 예를 들어 250장의 슬라이드마다 회사명을 입력해야 하는 경우 슬라이드 마스터에서 한 번 작업하는 것으로 나머지 249장의 슬라이드에 동일한 작업이 적용됩니다.

01 메뉴의 [보기] – [마스터 보기] – [슬라이드 마스터]를 클릭하여 슬라이드 마스터를 실행합니다.

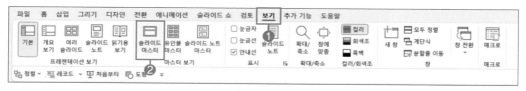

02 슬라이드 마스터에 들어가면 템플릿을 만들기 위한 기능들이 나열되어 있습니다. 가장 먼저 살펴봐야 할 곳은 왼쪽의 슬라이드입니다. 첫 번째 슬라이드에서는 전체적인 콘셉트를 잡고, 아래 슬라이드에서는 각각의 상황에 맞는 레이아웃을 편집합니다.

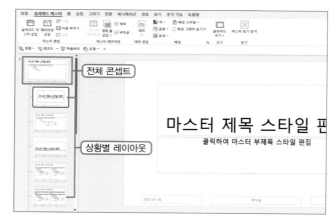

먼저 첫 번째 슬라이드에서 PPT의 전체 콘셉트 및 템플릿을 작업합니다.

01 첫 번째 슬라이드를 선택하고 슬라이드의 빈 공간을 클릭합니다. 슬라이드 안에 있는 모든 콘텐츠는 Ctrl + A 를 눌러 전체 선택 후 Delete 를 눌러 삭제합니다.

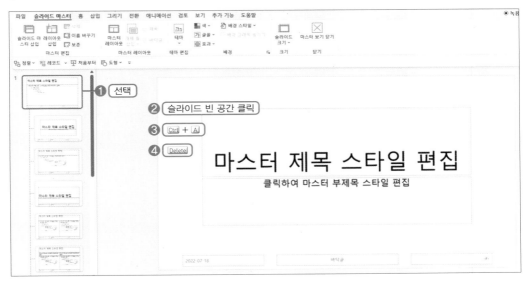

02 메뉴의 [홈] – [그리기]에서 [선(◯)]을 클릭한 후 선을 그립니다. 이어서 [텍스트 상자(団)]를 클릭한 후 PPT의 주제를 선 위에 입력하고, 왼쪽 아래에는 회사명을 입력합니다.

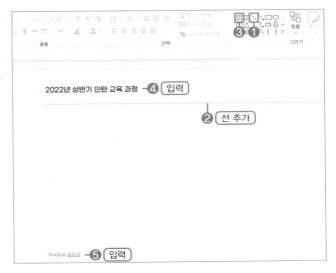

03 오른쪽 아래에는 페이지 번호를 입력하겠습니다. [슬라이드 마스터]에서 [마스터 레이아웃]을 클릭합니다. [마스터 레이아웃] 대화상자가 나타나면 '슬라이드 번호'를 선택하고 [확인]을 클릭합니다.

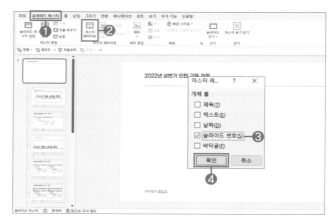

04 오른쪽 아래에 페이지 번호를 입력할 수 있는 텍스트 상자가 생성됩니다. [마스터 보기 닫기]를 클릭하면 페이지 넘버링 기능이 적용되지 않기 때문에 텍스트 상자를 복사하고 기존에 있던 텍스트 상자는 삭제합니다.

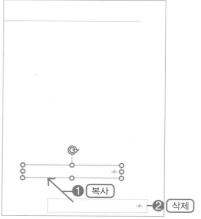

05 페이지 번호 텍스트의 서식을 회사명 텍스트 서식과 동일하게 지정하겠습니다. 먼저 회사명 텍스트를 클릭하고 Ctrl + Shift + C 를 눌러 서식을 복사합니다.

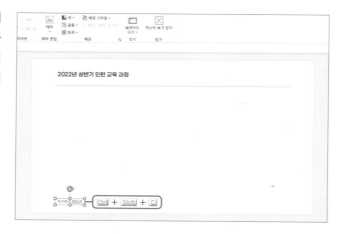

06 오른쪽의 페이지 번호 텍스트를 클릭하고 Ctrl + Shift + V 를 눌러 서식을 붙여넣기합니다. 회사명 텍스트에 맞춰 동일선상에 배치합니다.

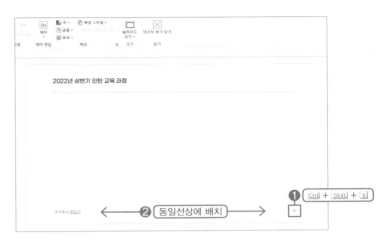

슬라이드 마스터 - 레이아웃 설정하기

첫 번째 슬라이드의 콘셉트를 바탕으로 아래 나열되는 하위 슬라이드에는 다양한 상황에 적합한 레이아웃을 만들어 놓습니다. 즉, 기본 콘셉트로 잡은 템플릿 위에 각각의 상황에 맞는 레이아웃을 불러와 작업하는 것입니다. 실제 슬라이드 마스터를 사용하여 작업할 때는 보통 첫 번째 슬라이드에서 템플릿의 콘셉트 정도만 잡아놓고 나머지 디자인은 슬라이드 마스터가 아닌 일반 슬라이드에서 작업합니다.

01 나열된 슬라이드 중 2장만 남기고 모두 지웁니다. 두 번째 슬라이드의 빈 공간을 클릭한 후 Ctrl + A 를 눌러 모든 개체를 한 번에 선택하고 Delete 를 눌러 삭제합니다.

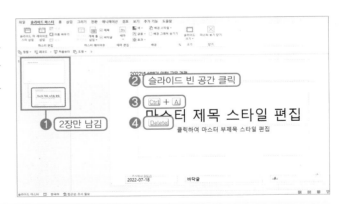

+PLUS 두 번째 슬라이드를 클릭했을 때 첫 번째 슬라이드에서 만든 개체들이 선택되지 않는 것을 확인할 수 있습니다. 이것이 바로 슬라이드 마스터의 특징입니다. 전체적인 콘셉트를 고정한 상태에서 새로운 레이아웃을 디자인하라는 의도로 슬라이드 마스터에서 만든 개체가 선택되지 않도록 설정된 것입니다.

02 이제 특정 상황을 가정하여 레이아웃을 잡아보겠습니다. 그림 3장이 들어가는 레이아웃을 만든다는 가정하에 [개체 틀 삽입]을 클릭한 후 [그림]을 클릭하여 그림이 들어가는 칸을 만듭니다.

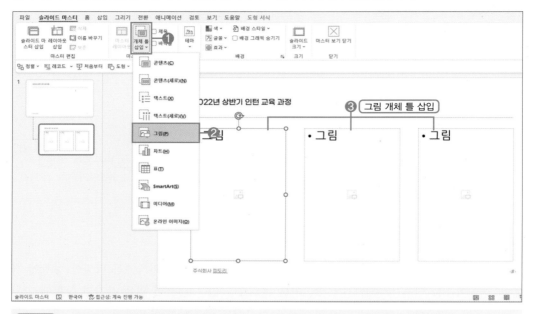

+PLUS 만약 그림 2장과 그림에 대한 설명이 들어가는 경우라면 그 상황에 맞는 레이아웃을 만들어야 합니다. 역시 [개체 틀 삽입]을 활용합니다.

03 왼쪽의 슬라이드 목록에서 현재 슬라이드를 선택한 후 Ctrl + C, Ctrl + V를 눌러 슬라이드를 복사한 다음 맨 오른쪽 그림 개체 틀을 삭제합니다.

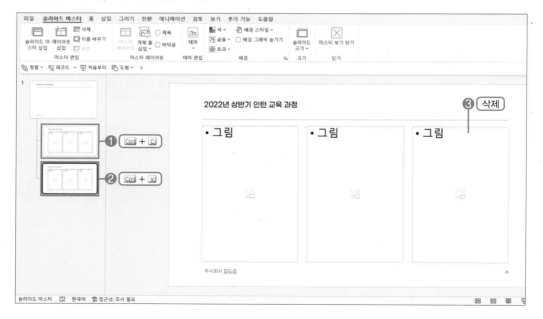

04 2개의 그림 개체 틀의 크기를 조절합니다.

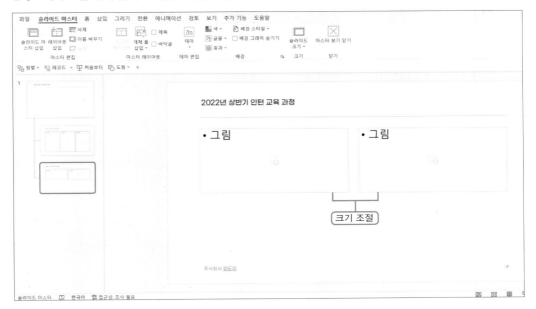

05 그림 개체 틀 아래 그림에 대한 설명을 넣을 텍스트 개체 틀을 삽입합니다. [슬라이드 마스터] – [개체 틀 삽입]을 클릭한 후 [텍스트]를 클릭하여 텍스트 개체 틀을 만들 수 있습니다. 이렇게 2장의 서브 레이아웃을 만들었으면 [마스터 보기 닫기]를 클릭해 슬라이드 마스터를 마칩니다.

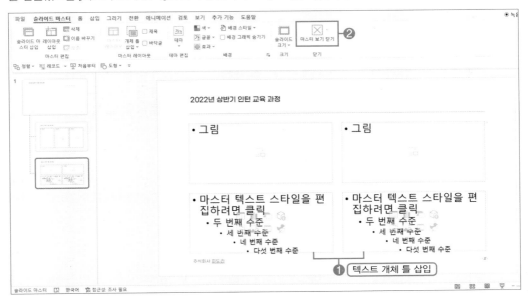

06 처음에 전체 콘셉트를 잡았던 슬라이드가 나타납니다. 이 슬라이드에 그림 3장을 넣기 위해 **02**에서 만들었던 그림 3장 레이아웃을 활용합니다. 마우스 오른쪽 버튼을 클릭하고 [레이아웃] – [그림 3장 레이아웃]을 클릭합니다.

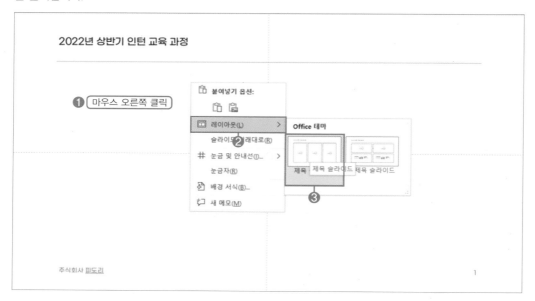

07 슬라이드 마스터를 사용한 그림 3장 레이아웃의 슬라이드가 완성되었습니다.

04 | 도형 병합 기능

파워포인트에는 서로 다른 2개 이상의 개체를 다양하게 편집할 수 있는 도형 병합 기능이 있습니다. 도형과 도형, 도형과 이미지, 도형과 텍스트, 텍스트와 이미지를 결합하여 다양한 디자인을 구현할 수 있습니다. 도형 병합 기능은 파워포인트 2013 이상 버전부터 가능합니다.

🗀 **완성파일** 도형 병합 활용.pptx

통합 기능 연습하기

도형 병합의 가장 첫 번째 기능은 '통합'으로 2개의 개체를 합치는 기능입니다.

01 [홈] – [그리기]에서 [직사각형(□)]을 클릭한 후 색이 다른 2개의 사각형을 그립니다. 개체를 통합하기 위해 사각형 2개를 동시에 선택합니다.

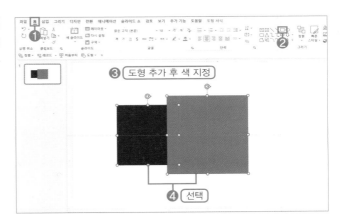

02 [도형 서식] – [도형 삽입]에서 [도형 병합] – [통합]을 선택합니다. 2개의 사각형이 하나로 합쳐지면서 하나의 개체로 인식됩니다.

> **⚠ 주의** 파워포인트 최신 버전으로 업데이트하였을 경우 '도형 서식'이 아닌 '셰이프 형식'으로 명시되어 있고, 파워포인트 2019 이하 버전은 '서식'으로 명시되어 있습니다. 또한, 파워포인트 2016 이하 버전은 도형 병합 기능이 '통합'이 아닌 '병합'으로 명시되어 있습니다.

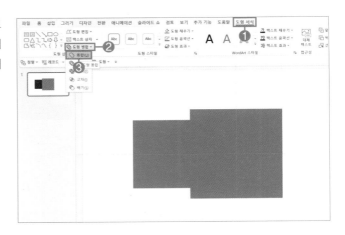

결합 기능 연습하기

도형 병합의 두 번째 기능은 '결합'으로 두 개체의 '겹친 부분'을 삭제한 후 나머지 부분을 통합하는 기능입니다.

01 Ctrl + Z 를 눌러 통합을 실행 취소합니다.

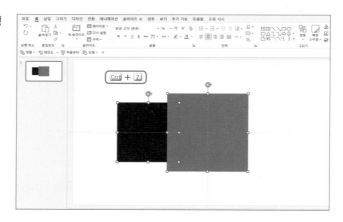

02 다시 사각형 2개를 동시에 선택한 후 이번에는 [도형 서식] – [도형 삽입]에서 [도형 병합] – [결합]을 선택합니다. 도형의 겹친 부분이 삭제된 것을 확인할 수 있습니다.

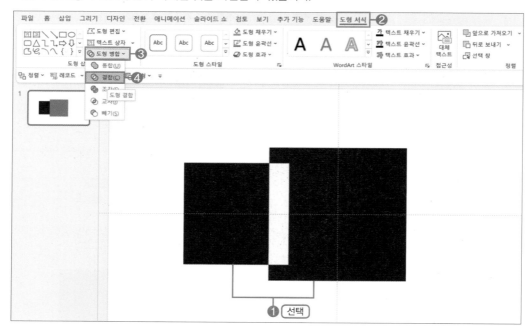

도형 병합의 세 번째 기능은 '조각'으로 겹쳐진 부분을 경계로 각 개체를 따로 분리하는 기능입니다.

01 Ctrl + Z를 눌러 결합을 실행 취소합니다.

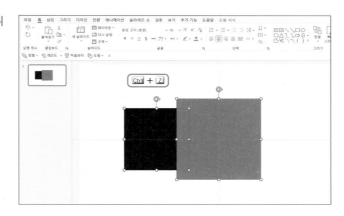

02 이번에도 사각형 2개를 동시에 선택하고 [도형 서식] – [도형 삽입]에서 [도형 병합] – [조각]을 선택합니다.

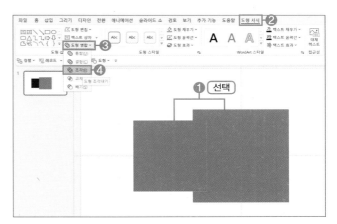

03 분리된 조각을 펼쳐 보면 공통으로 겹쳐진 부분과 왼쪽 부분 그리고 오른쪽 부분이 각각의 개체로 나눠진 것을 확인할 수 있습니다.

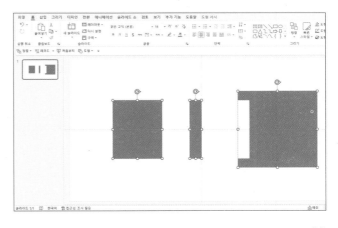

도형 병합의 네 번째 기능은 '교차'로 두 개체에서 겹쳐진 부분만 남기는 기능입니다. 나중에 선택한 개체의 조각이 결과로 남게 됩니다. 즉, 이 기능은 개체가 위에 있는지 아래에 있는지 혹은 뒤에 있는 것을 먼저 선택했는지 앞에 있는 것을 먼저 선택했는지 등에 따라 구현되는 방식이 달라집니다.

01 Ctrl + Z를 눌러 조각을 실행 취소합니다. 파란색 사각형을 먼저 선택하고 Shift를 누른 상태에서 검은색 사각형을 선택합니다.

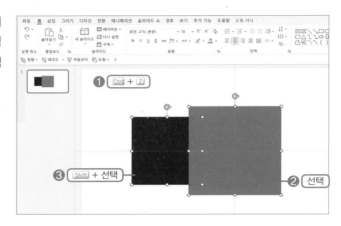

02 [도형 서식] – [도형 삽입]에서 [도형 병합] – [교차]를 선택합니다. 원하는 형태로 구현되지 않았다면 Ctrl + Z를 눌러 실행 취소하고 개체 선택 순서를 바꿔서 다시 실행합니다.

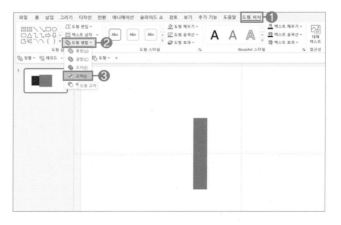

도형 병합의 마지막 기능인 '빼기'는 어떤 개체를 먼저 선택하냐에 따라 구현되는 방식이 달라집니다. 첫 번째로 선택한 개체를 기준으로 두 번째 선택한 개체가 첫 번째 개체와 겹친 만큼 빠지게 됩니다.

01 Ctrl + Z를 눌러 교차를 실행 취소합니다. 파란색 사각형을 먼저 선택하고 Shift를 누른 상태로 검은색 사각형을 선택합니다.

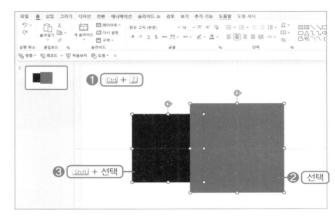

02 [도형 서식] – [도형 삽입]에서 [도형 병합] – [빼기]를 선택합니다. 파란색 사각형을 기준으로 검은색 사각형이 빠진 것을 확인할 수 있습니다.

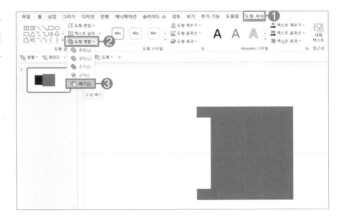

도형 병합 기능으로 감각적인 이미지 만들기

지금까지 학습한 도형 병합 기능을 활용하여 감각적인 이미지를 만들어 보겠습니다.

01 무료 사진 배포 사이트인 Pexels(www.pexels.com)에 접속한 후 검색창에 'model'을 검색합니다.

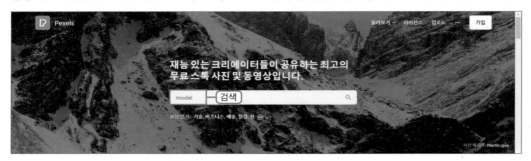

02 원하는 사진을 클릭하면 다음과 같은 창이 나타나는데 [무료 다운로드] 옆에 화살표를 클릭하고 '큼'을 선택하여 다운받습니다.

03 다운받은 사진을 드래그하여 파워포인트 화면으로 끌고 오면 손쉽게 사진을 삽입할 수 있습니다.

드래그하여 사진 삽입

04 사진 위에 가로로 긴 직사각형을 하나 그려 줍니다.

05 Ctrl + C 를 눌러 직사각형을 복사합니다. Ctrl + D 를 눌러 붙여넣은 후 원하는 간격으로 배치합니다.

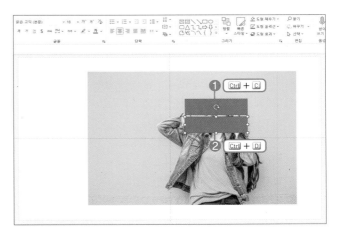

06 Ctrl + D 를 반복해서 눌러 모델을 덮을 정도로 복제합니다.

07 모델의 빠져 나온 부분을 덮어 주기 위해 각 직사각형의 가로 길이를 늘이고 줄이는 것을 반복합니다. 사진 밖으로 빠져 나간 맨 아래 직사각형은 지워 줍니다. 파란색 직사각형을 모두 선택하고 [도형 서식] – [도형 삽입]에서 [도형 병합] – [통합]을 선택합니다.

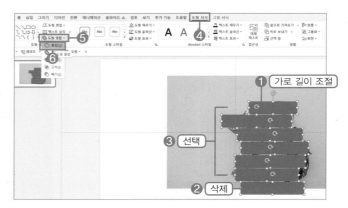

08 이제 슬라이드에는 모델 사진과 통합된 도형이 남아있을 겁니다. 두 개체에 대해 교차를 실행해 보겠습니다. 교차는 선택 순서에 따라 구현되는 방식이 다르기 때문에 반드시 '사진'을 먼저 선택하고 Shift 를 누른 상태에서 통합된 도형을 선택해야 합니다. 그 다음 [도형 서식] – [도형 삽입]에서 [도형 병합] – [교차]를 선택합니다.

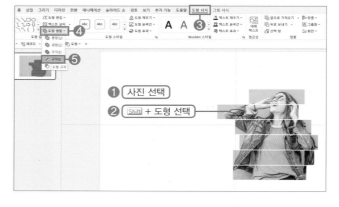

09 편집된 결과물을 슬라이드에 그림과 같이 활용할 수 있습니다.

05 | 그림자 만들기

파워포인트에서 그림자를 만드는 방법은 크게 2가지가 있습니다. 파워포인트의 기본 서식인 그림자 효과를 사용하는 방법과 부드러운 가장자리를 사용해서 그림자를 만드는 방법입니다. 부드러운 가장자리를 사용하면 파워포인트에서 기본으로 제공하는 그림자 서식보다 조금 더 정교한 그림자 작업이 가능합니다. 만약 시간이 없고 빠르게 작업하고 싶으면 그림자 효과를 사용하는 것을 추천하고, 그림자를 디테일하게 편집하여 퀄리티를 높이고 싶으면 부드러운 가장자리를 사용하는 것을 추천합니다.

🗀 완성파일 그림자 연습.pptx

그림자 효과 사용하기

우선 파워포인트의 기본 서식인 그림자 효과를 사용하는 방법에 대해 알아보겠습니다.

01 먼저 배경색을 바꾸기 위해 [색] 대화상자에서 [사용자 지정] 탭을 클릭하고 빨강 255, 녹색 251, 파랑 235를 입력한 후 [확인]을 클릭합니다.

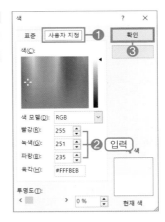

+PLUS 배경색을 바꾸기 위해 마우스 오른쪽 버튼을 클릭한 후 [배경 서식] – [페인트 아이콘(🎨▾)] – [다른 색]을 클릭하면 [색] 대화상자를 열 수 있습니다.

02 그 다음 파워포인트 메뉴의 [홈] – [그리기]에서 [모서리가 둥근 직사각형(□)]을 클릭하여 그린 후 윤곽선은 '윤곽선 없음'으로, 색은 '흰색'으로 설정합니다.

+PLUS 모서리가 둥근 직사각형을 마우스 오른쪽 버튼으로 클릭한 후 [윤곽선] – [윤곽선 없음]을 선택합니다.

03 모서리가 둥근 직사각형을 클릭하면 왼쪽 위에 주황색 점이 뜨는데 주황색 점을 왼쪽으로 이동시켜 모서리가 둥근 직사각형 모서리의 둥근 정도를 줄여 줍니다.

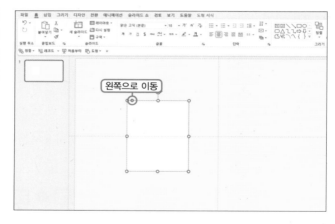

04 이제 그림자 효과를 사용하겠습니다. [도형 서식] – [효과] – [그림자]에서 [그림자 아이콘(□▾)]을 클릭한 후 '오프셋: 오른쪽 아래'를 선택합니다.

주의 파워포인트 2016 이하 버전은 그림자 효과의 명칭이 '오프셋 대각선 오른쪽 아래'로 명시되어 있습니다.

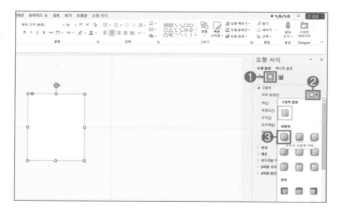

05 모서리가 둥근 직사각형에 그림
자 효과를 적용한 후 투명도 '90%', 흐
리게 '16pt', 간격 '8pt'로 그림자 값을
설정합니다.

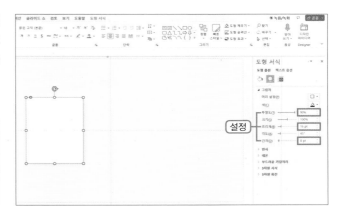

+PLUS 파워포인트 그림자 효과에서
값을 설정할 때 저만의 팁을 알려드리
자면 '간격 값 × 2 = 흐리게 값' 이 공
식을 적용하여 그림자 값을 설정하는
것이 좋습니다.

06 그림자 효과를 적용한 모서리가 둥근 직사각형을 아래와 같은 디자인 요소로 활용할 수 있습니다.

부드러운 가장자리는 개체의 테두리가 번지는 효과입니다. 도형에 부드러운 가장자리를 적용한 후 다른 도형의 그림자처럼 사용하는 방법에 대해 알아보겠습니다.

01 [홈] – [그리기]에서 [직사각형(□)]을 클릭하고 사각형을 하나 그린 후 오른쪽에 복사합니다.

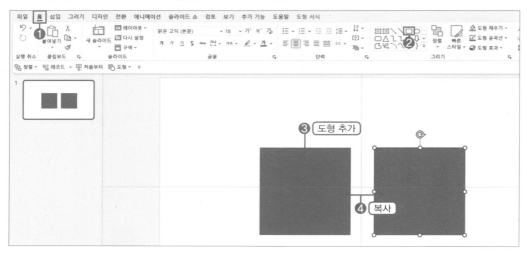

02 왼쪽 사각형을 선택하고 [도형 서식] – [도형 스타일] – [도형 효과] – [부드러운 가장자리]에서 '50 포인트'를 선택합니다.

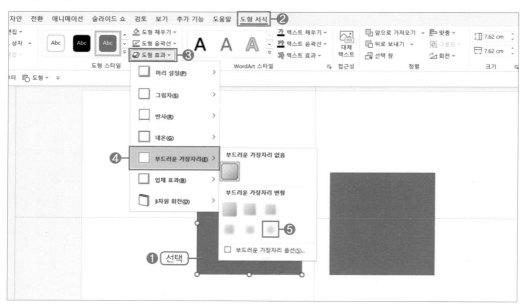

03 오른쪽 사각형을 선택한 후 [도형 서식]에서 '선 없음', 색은 '흰색'으로 설정합니다. 오른쪽 사각형을 드래그하여 두 도형을 겹치게 배치한 후 위치와 크기, 투명도를 조절하여 그림자를 자연스럽게 만듭니다.

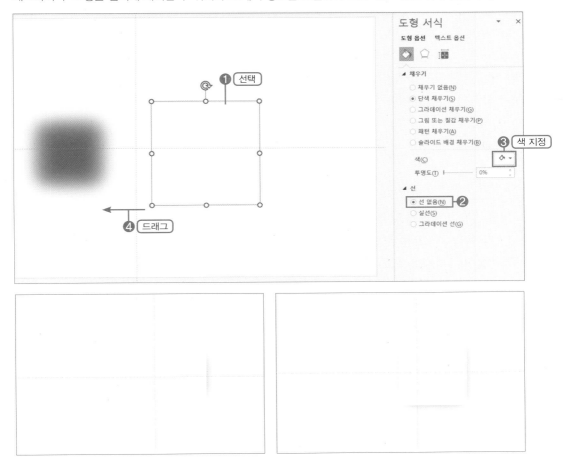

06 점 편집 기능

파워포인트의 도형은 일반적으로 점 편집을 할 수 있게 설정되어 있습니다. 점 편집은 사용자가 도형의 모양을 자유자재로 변형할 수 있는 기능인데 초보자가 사용하기에 조금 까다로울 수 있습니다.

점 편집 기능 연습하기

도형을 선택하면 도형의 꼭짓점마다 도형을 변형할 수 있는 점이 나타납니다. 이때 파워포인트의 점 편집 기능으로 도형을 변형하여 다양한 형태로 만들 수 있습니다. 점 편집 기능으로 삼각형을 자유자재로 변형시켜 보겠습니다.

01 [홈] – [그리기]에서 [이등변 삼각형(△)]을 클릭한 후 삼각형을 하나 그립니다. 마우스 오른쪽 버튼으로 삼각형을 클릭하고 [점 편집]을 선택합니다.

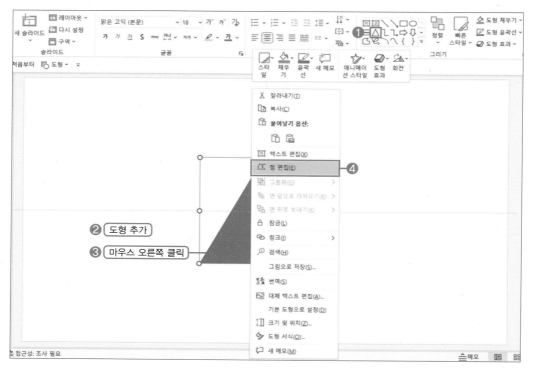

02 삼각형의 꼭짓점에 나타나는 검은
색 점을 자유자재로 드래그해 봅니다.

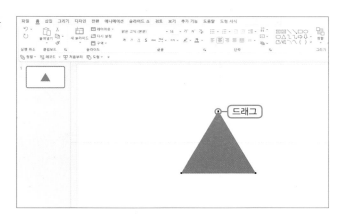

03 검은색 점으로부터 빠져 나가 있
는 흰색 점을 드래그하면 각도를 변경
하거나 직선을 곡선으로 바꿀 수 있습
니다.

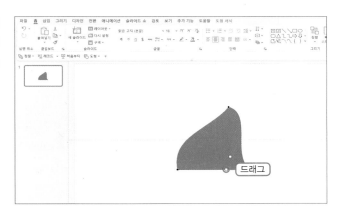

04 점 편집 기능을 이용해 삼각형의
모양을 변형하였습니다.

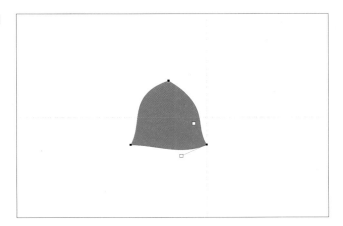

실행 취소 횟수 늘리기

파워포인트에서 작업하다 보면 작업물이 마음에 들지 않아 작업물을 만들기 전으로 돌아가고 싶은 상황이 생깁니다. 이럴 때를 대비해 실행 취소 횟수를 늘려 놓으면 작업물의 히스토리를 훨씬 더 이전으로 되돌릴 수 있어 작업할 때 매우 유용합니다. 실행 취소 횟수는 최대 150회까지 늘릴 수 있습니다.

01 파워포인트를 실행한 후 메뉴에서 [파일]을 선택합니다. 그림과 같이 창이 나타나면 맨 왼쪽 아래의 [옵션]을 클릭합니다.

02 옵션 대화상자가 나타나면 [고급] 탭을 클릭하고 '실행 취소 최대 횟수' 입력란에 '150'을 입력한 후 [확인]을 클릭합니다.

Chapter

02

파워포인트 디자인에서 표지는 '첫 인상'과 같은 존재입니다. 표지를 통해 자신이 발표할 주제를 간단명료하게 알려줄 수 있어야 합니다. 또한 전체 템플릿을 디자인할 때 지표가 되는 것이 바로 표지입니다. 표지를 어떻게 디자인하느냐에 따라 템플릿의 디자인이 결정됩니다.

표지 디자인

01 | 일러스트레이션을 활용한 표지 디자인

대부분의 사람들이 표지 슬라이드를 디자인할 때 여백을 어떻게 활용해야 할지 모르고, 디자인의 방향성을 찾지 못해 어려움을 겪습니다. 이 경우 가장 무난한 방법은 일러스트레이션을 활용하는 것입니다.

📁 완성파일 일러스트레이션 표지.pptx

: 미리보기 ● ● ●

직장인들이 보고서 작업에 많은 시간을 소비하는 이유

사업기획팀 피도리

제목 글꼴	G마켓 산스 Bold
제목 크기	36pt, 40pt
제목 강조색	R12, G156, B238
이름 글꼴	G마켓 산스 Medium
이름 크기	16pt
이름 투명도	20%

일러스트레이션 가져오기

Freepik에서 일러스트레이션을 가져와 일러스트레이션을 활용한 표지를 만들어 보겠습니다.

01 일러스트레이션 무료 사이트인 Freepik(www.freepik.com)에 접속한 후 'business illustration'을 검색합니다.

> **주의** 일러스트레이션을 가져올 때 좌우가 잘린 일러스트레이션을 가져오면 안 됩니다. Freepik에서 지원하는 일러스트 파일은 파워포인트에서 편집할 수 없기 때문에 좌우가 잘린 일러스트레이션을 가져오면 활용하기 어렵습니다.

02 원하는 일러스트레이션을 선택한 후 [Download]를 클릭하여 다운로드합니다.

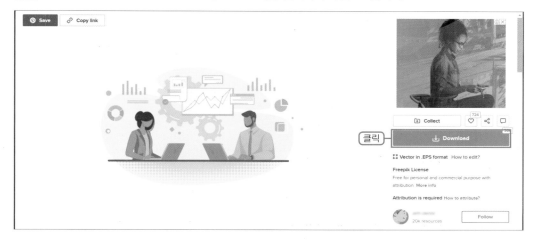

03 다운로드받은 파일의 압축을 풀고 파일을 화면으로 드래그하여 가져옵니다.

드래그하여 일러스트레이션 삽입

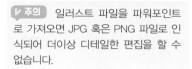
주의 일러스트 파일을 파워포인트로 가져오면 JPG 혹은 PNG 파일로 인식되어 더이상 디테일한 편집을 할 수 없습니다.

제목 디자인하기

제목을 일정한 크기로만 나열하면 표지 디자인 실력이 늘지 않습니다. 다양한 시도로 표지의 레이아웃을 잡는 연습을 해야 합니다. 지금부터 제목 디자인을 연습해 보겠습니다.

01 일러스트레이션의 크기를 적당히 줄여 제목을 입력할 공간을 마련하고 아래쪽에 '흰색' 사각형을 그립니다.

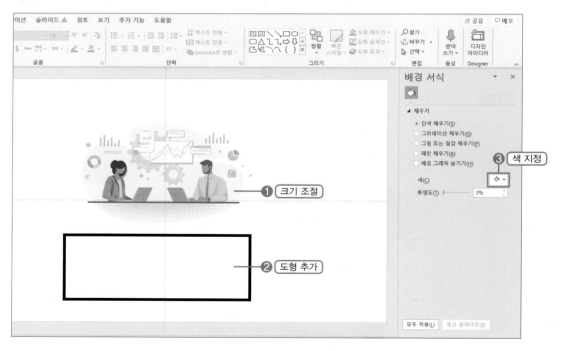

02 [도형 서식]에서 사각형의 윤곽선을 '선 없음'으로 설정한 후 일러스트레이션 아래로 정확히 배치합니다.

> **✔주의** 일러스트레이션 아래에 사각형을 배치하는 이유는 표지 제목의 가독성을 높이기 위함입니다. 현재 일러스트레이션의 경우 파란색 굵은 선 아래로 배경이 빠져 나와 있어 표지 제목과 간섭이 일어날 수 있습니다. 따라서 사각형으로 필요 없는 부분을 가려주는 것입니다.

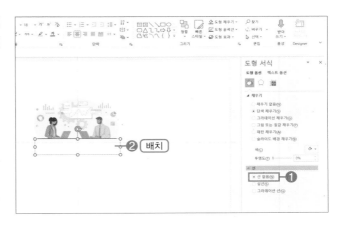

03 다음과 같이 제목을 입력하고 글꼴은 'G마켓 산스 Bold', 크기는 '36pt'로 설정합니다.

04 아랫줄 텍스트의 크기와 색을 바꿔 강조 효과를 주겠습니다. 아랫줄에서 임의의 위치를 클릭한 후 `End`를 누릅니다. 커서가 '유' 오른쪽으로 이동하면 `Shift`를 누른 상태에서 `Home`을 누릅니다. 아랫줄 전체가 선택된 것을 확인할 수 있습니다.

➕PLUS 커서가 맨 뒤에 있을 때 `Home`만 누르면 커서가 맨 앞으로 이동하지만 `Shift`와 동시에 누르면 줄 전체를 선택할 수 있습니다. 마찬가지로 커서를 선택하려는 문장 맨 앞에 두고 `Shift` + `End`를 눌러도 줄 전체가 선택됩니다.

05 Ctrl +]을 눌러 텍스트의 크기를 한 단계 키웁니다. 윗줄의 크기는 '36pt', 아랫줄의 크기는 '40pt'로 설정합니다.

+PLUS Ctrl +] 단축키가 실행되지 않으면 Ctrl + Shift + > 단축키로 텍스트 크기를 키울 수 있습니다.

06 아랫줄을 드래그한 후 [색] 대화상자에서 [사용자 지정] 탭을 클릭하고 빨강 12, 녹색 156, 파랑 238을 입력한 후 [확인]을 클릭합니다.

주의 텍스트의 색은 일러스트레이션의 전체적인 분위기와 통일하는 것이 중요합니다. 일러스트레이션이 파란색 계열인데 표지 제목을 빨간색이나 분홍색 같은 어울리지 않는 색으로 설정하면 이질적인 느낌이 들 수 있습니다.

행간과 자간을 조정해 보겠습니다. 행간과 자간을 적절히 조정하면 텍스트를 나열할 때 훨씬
깔끔한 느낌을 줄 수 있으니 여러 차례 연습해 보는 것을 추천합니다.

01 자간을 약간 좁히기 위해 제목 텍
스트를 선택하고 [홈] – [글꼴] – [문자
간격] – [기타 간격]을 클릭합니다.

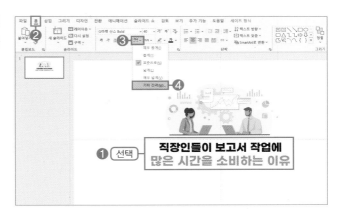

02 [글꼴] 대화상자의 [문자 간격] 탭
에서 간격을 '좁게', 값을 '0.5'로 입력
한 후 [확인]을 클릭합니다.

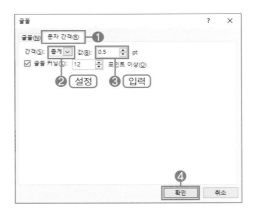

03 이번에는 행간을 조정하기 위해
제목 텍스트를 선택하고 [홈] – [단락]
– [줄 간격] – [줄 간격 옵션]을 클릭합
니다.

04 [단락] 대화상자의 [들여쓰기 및 간격] 탭에서 줄 간격을 '배수'로 설정하고 값은 '1.1'을 입력한 후 [확인]을 클릭합니다.

05 마지막으로 제목 아래쪽에 발표자 혹은 작성자를 입력합니다. 글꼴은 'G마켓 산스 Medium', 크기는 '16pt'로 설정한 후 표지 제목을 부각시키기 위해 [텍스트 옵션]에서 투명도를 '20%'로 설정합니다.

06 일러스트레이션을 활용한 표지 디자인을 완성합니다.

02 | 텍스트를 강조한 표지 디자인

표지 디자인 중 가장 무난한 디자인은 텍스트가 나열된 스타일입니다. 하지만 단순히 텍스트를 나열하기만 하면 가독성은 물론 심미성이 떨어져 표지의 전반적인 퀄리티를 낮출 수 있습니다. 따라서 텍스트를 강조한 표지를 디자인할 때는 색감과 여백을 통일하는 것이 중요합니다.

📁 완성파일 텍스트 강조 표지.pptx

: 미리보기 • • •

창의성으로
새로움을 개척 할,
디자이너 입니다.

CONTACT
EMAIL : Peedor@Naver.com
TEL : 010 - 1234 - 5678
ADDRESS : 경기도 성남시 분당구

배경색	R52, G100, B224
텍스트 / 밑줄색	흰색
제목 글꼴	G마켓 산스 Bold
제목 크기	36pt
CONTACT 글꼴	G마켓 산스 Bold, G마켓 산스 Medium
CONTACT 크기	14pt, 12pt

행을 나눠 제목 입력하기

단순히 텍스트를 나열하지 않기 위해 제목을 입력한 후 행을 나누고 줄 간격을 설정하겠습니다.

01 다음과 같이 제목을 입력하고 글꼴은 'G마켓 산스 Bold', 크기는 '36pt'로 설정합니다.

02 시선이 움직이지 않고 한눈에 들어오는 길이로 제목의 행을 나눠 줍니다.

03 줄 사이마다 선을 넣어줄 것이기 때문에 줄 간격을 넓혀 주겠습니다. 제목 텍스트를 선택한 후 [홈] – [단락] – [줄 간격] – [줄 간격 옵션]을 클릭합니다.

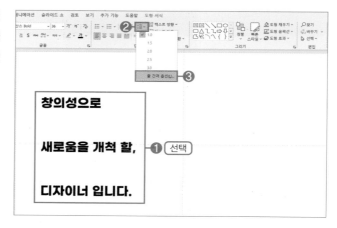

04 [단락] 대화상자의 [들여쓰기 및 간격] 탭에서 줄 간격을 '배수'로 설정하고 값을 '1.3'으로 입력한 후 [확인]을 클릭합니다.

배경색 바꾸기

제목 텍스트의 레이아웃을 잡았다면 이제 배경색을 지정하겠습니다.

01 마우스 오른쪽 버튼으로 슬라이드를 클릭하고 [배경 서식]을 선택합니다. [배경 서식]에서 [페인트 아이콘(🎨▾)] – [다른 색]을 클릭하면 [색] 대화상자를 열 수 있습니다. [색] 대화상자에서 [사용자 지정] 탭을 클릭하고 빨강 52, 녹색 100, 파랑 224를 입력한 후 [확인]을 클릭합니다.

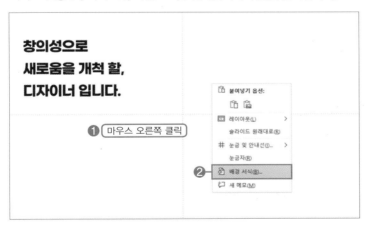

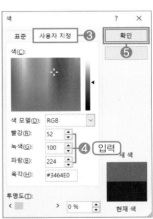

02 시인성을 높이기 위해 제목 텍스트의 색을 '흰색'으로 설정합니다.

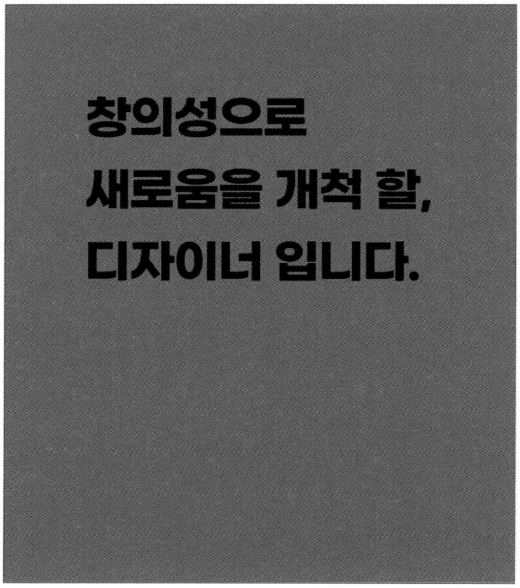

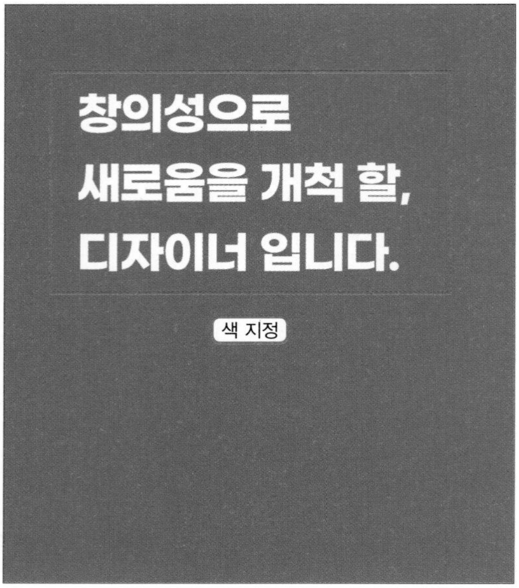

창의성으로
새로움을 개척 할,
디자이너 입니다.

창의성으로
새로움을 개척 할,
디자이너 입니다.

색 지정

밑줄 요소 넣기

제목 텍스트 아래 밑줄 요소를 넣어 표지 제목이 눈에 들어오도록 디자인하겠습니다.

01 제목 텍스트 아래 밑줄 요소를 넣기 위해 먼저 윤곽선이 없는 '흰색'의 가로로 긴 사각형을 만듭니다.

창의성으로
새로움을 개척 할,
디자이너 입니다.

도형 추가 후 서식 지정

02 디자인의 통일성을 위해 사각형의 높이를 텍스트의 굵기와 비슷하게 맞추는 것이 핵심입니다. 가로 길이 역시 텍스트의 길이에 맞춰 조절합니다.

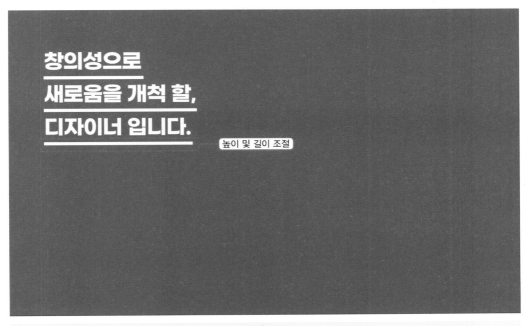

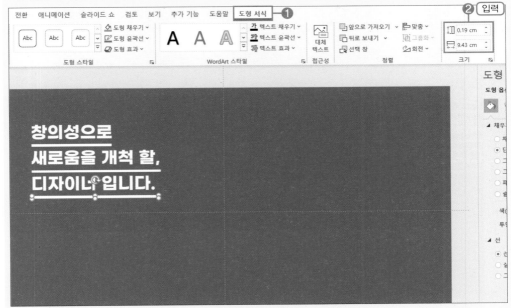

왼쪽에 제목을 입력했으니 오른쪽에는 발표일, 발표자 등 부가적인 내용을 입력합니다. 부가 텍스트를 입력하기 전 먼저 여백을 통일하겠습니다.

01 슬라이드 왼쪽에 세로로 긴 '노란색' 사각형을 그려 줍니다. 이때 밑줄과 맞물리도록 정확하게 크기를 조절합니다.

02 이번에는 슬라이드 위쪽에 가로로 긴 '빨간색' 사각형을 그려 줍니다. 마찬가지로 텍스트에 정확히 맞물리도록 합니다.

03 두 종류의 사각형을 복사하여 슬라이드의 오른쪽과 아래쪽에 정확히 배치합니다.

04 부가 텍스트를 오른쪽 아래에 입력합니다. 포트폴리오용으로 가정하고 만들었기 때문에 연락수단을 입력했습니다. 'CONTACT'의 글꼴은 'G마켓 산스 Bold, 14pt', 그 아래 내용은 'G마켓 산스 Medium, 12pt'로, 색은 '흰색'으로 설정합니다.

05 여백을 맞추기 위해 그렸던 사각형 4개를 모두 지워 표지 디자인을 완성합니다.

창의성으로
새로움을 개척 할,
디자이너 입니다.

CONTACT
EMAIL : Peedor@Naver.com
TEL : 010 - 1234 - 5678
ADDRESS : 경기도 성남시 분당구

> **주의** 만약에 여백이 통일되지 않는다면 디자인에 안정감이 생기지 않아 전체적으로 퀄리티가 떨어질 수 있습니다. 파워포인트를 다루는 것이 익숙하지 않다면 사각형을 그려 여백을 통일하고, 익숙해지면 눈대중으로 여백을 통일하는 습관을 들이는 것이 좋습니다.

창의성으로
새로움을 개척 할,
디자이너 입니다.

CONTACT
EMAIL : Peedor@Naver.com
TEL : 010 - 1234 - 5678
ADDRESS : 경기도 성남시 분당구

03 | 주제와 어울리는 사진을 활용한 표지 디자인

주제에 맞는 일러스트레이션은 찾기 어려울 수 있지만, 주제와 어울리는 사진은 비교적 찾기 쉽습니다. 그래서 보통 사진을 활용해서 표지를 디자인하는 경우가 많습니다. 여러 장의 사진으로 디자인하거나 한 장의 사진을 슬라이드에 꽉 차게 넣어 디자인하는 등 사진으로 표지를 디자인하는 방법은 다양합니다. 이번에는 사진을 활용해서 주제를 강조하는 표지를 만들어 보겠습니다.

완성파일 사진 활용 표지.pptx

: 미리보기

제목 글꼴	G마켓 산스 Bold
제목 크기	36pt
제목 강조색	주황
이름 글꼴	G마켓 산스 Medium
이름 크기	16pt
텍스트 / 밑줄 / 픽토그램색	흰색

주제에 어울리는 사진 가져오기

Pexels에서 주제에 어울리는 사진을 가져와 사진을 활용한 표지 디자인을 만들어 보겠습니다.

01 다음과 같이 제목을 입력하고 글꼴은 'G마켓 산스 Bold', 크기는 '36pt'로 설정합니다. Ctrl + E를 눌러 단락을 가운데 맞춤으로 설정합니다.

02 '도시 개발'이라는 주제에 어울릴 만한 사진을 가져와 보겠습니다. Pexels(www.pexels.com)에 접속하고 'city'를 검색합니다.

03 원하는 사진을 선택합니다. [무료 다운로드] 옆에 화살표를 클릭하고 '큼' 을 선택하여 다운받습니다.

04 다운받은 사진을 파워포인트로 드래그하여 가져온 후 슬라이드 좌우 가 꽉 차도록 크기를 확대합니다.

05 사진을 더블 클릭하여 [그림 서식]을 활성화한 후 [크기] – [자르기]를 클릭하고 빠져나온 위아래 부분을 슬라이드 크기에 맞게 자릅니다.

06 빈 곳을 클릭하여 자르기 작업을 마칩니다. 사진 위에 바로 텍스트를 입력하면 텍스트가 잘 보이지 않으므로 사진 위에 '검은색' 사각형을 그린 후 투명도를 '40%'로 설정합니다.

07 사진 뒤쪽에 있는 제목 텍스트를 맨 앞으로 가져오겠습니다. 제목 텍스트만 선택하기 위해 사진 및 사각형의 모서리를 포함하지 않게끔 드래그합니다.

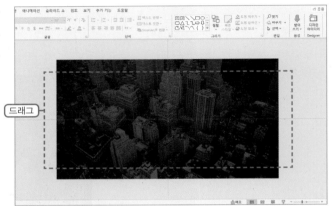

+PLUS 파워포인트에서 특정 개체를 선택하려면 그 개체의 모서리를 다 포함하도록 드래그해야 합니다. 위와 같이 맨 뒤에 있는 제목 텍스트 상자의 모서리는 다 포함하되 사진과 사각형의 모서리는 포함하지 않게 드래그하면 제목 텍스트만 선택할 수 있습니다.

08 [홈] – [그리기] – [정렬] – [맨 앞으로 가져오기]를 클릭하여 제목 텍스트를 맨 앞으로 가져옵니다.

가독성이 높은 표지 디자인하기

강조색과 밑줄 요소를 사용하여 가독성이 높은 표지로 디자인하겠습니다.

01 제목 텍스트의 '도시 개발'을 강조하기 위해 색을 '주황'으로 설정한 후 나머지 텍스트는 '흰색'으로 설정합니다.

PLUS 강조색으로 사용한 '주황'은 파워포인트의 [표준 색] 범주에 있습니다.

02 윤곽선을 없앤 가로로 긴 '흰색' 사각형을 그려 제목 아래에 배치합니다.

+PLUS 사각형을 제목 아래에 선처럼 배치하는 이유는 제목 부분과 부가적인 텍스트 부분을 명확하게 구분 짓기 위함입니다. 표지의 가독성을 높임과 동시에 사람들의 시선을 집중시킬 수 있습니다.

03 02에서 그린 사각형 아래 발표일과 발표자의 이름을 입력합니다. 글꼴은 'G마켓 산스 Medium', 크기는 '16pt', 색은 '흰색'으로 설정합니다.

픽토그램으로 표지 여백 채우기

Flaticon에서 주제에 어울리는 픽토그램을 가져와 여백을 채우고 직관성을 높여주겠습니다.

01 픽토그램을 불러오기 위해 Flaticon(www.flaticon.com)에 접속한 후 'city'를 검색합니다.

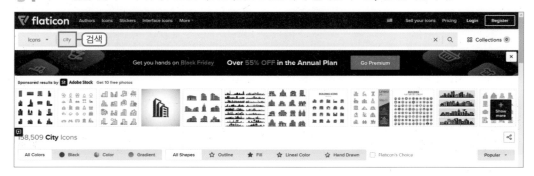

02 원하는 픽토그램을 선택한 후 픽토그램 오른쪽 위에 있는 [Edit icon (✏ Edit icon)]을 클릭합니다.

03 [Choose a new color]를 클릭한 후 '흰색'을 선택하고 [Download]를 클릭하여 픽토그램을 다운받습니다.

▶ **주의** PNG 확장자로 픽토그램을 다운받아 파워포인트로 가져오면 색을 바꾸는 데 한계가 있습니다. 그러므로 원하는 색을 먼저 지정하고 해상도는 '512px'을 선택한 후 다운로드합니다.

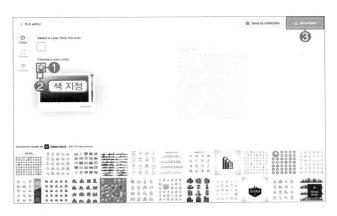

04 다운받은 픽토그램을 파워포인트로 가져온 후 크기를 줄여 제목 텍스트 위에 배치합니다.

개체 가운데 정렬하기

추가한 개체들을 슬라이드의 정가운데로 배치해 보겠습니다.

01 사진과 검은색 사각형을 제외한 모든 개체를 선택합니다.

02 Ctrl + G를 눌러 선택한 개체들을 그룹화합니다.

03 [홈] – [그리기] – [정렬]을 클릭하고 A, C를 순서대로 누릅니다. 이어서 다시 한번 [정렬]을 클릭한 후 A, M을 누릅니다. 그룹화한 개체가 슬라이드의 정가운데로 정렬됩니다.

[홈] – [그리기] – [정렬]을 클릭한 후 [맞춤]에서 정렬 방식을 선택할 수 있습니다.

04 사진을 활용한 표지가 완성되었습니다.

그룹화가 되어있기 때문에 나중에 개별 수정을 해야 할 경우 Ctrl + Shift + G를 눌러 그룹화를 해제합니다.

단순히 사진만 넣는 것이 밋밋하다고 느껴질 수 있습니다. 이번에는 사진과 도형 그리고 도형 병합 기능을 활용하여 표지를 만들어 보겠습니다.

📁 완성파일 도형 활용 표지.pptx

: 미리보기

강조색	진한 빨강
영문 제목 글꼴	Montserrat SemiBold
영문 제목 크기	18pt
영문 제목 투명도	42%
제목 글꼴	G마켓 산스 Medium
제목 크기	32pt
이름 글꼴	G마켓 산스 Medium
이름 크기	14pt

도형으로 레이아웃 잡기

사진이 들어갈 구도 혹은 레이아웃을 잡기 위해 삼각형을 활용하겠습니다.

01 삼각형을 하나 그린 후 Shift 를 누른 상태로 드래그하여 다음과 같이 크기를 확대합니다. 이때 슬라이드를 벗어나게끔 확대합니다.

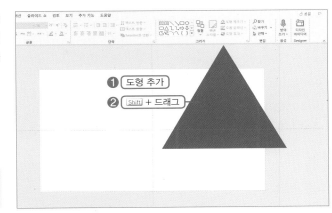

+PLUS Shift 를 누른 상태에서 드래그해야 정배율로 확대할 수 있습니다.

02 삼각형을 세로로 뒤집기 위해 [홈] – [그리기] – [정렬] – [회전] – [상하 대칭]을 선택합니다.

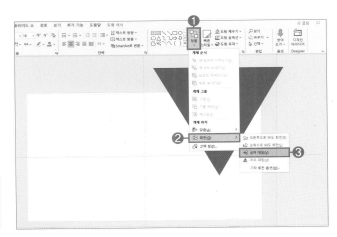

+PLUS [정렬]을 클릭한 후 ⓞ, ⓥ를 순서대로 눌러도 상하 대칭이 가능합니다.

03 삼각형을 슬라이드의 위쪽에 맞물리게 배치하고 높이를 조금 줄입니다.

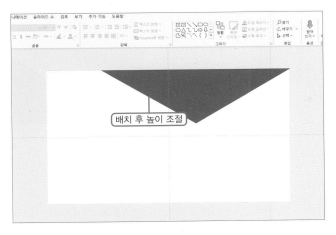

배치 후 높이 조절

04 삼각형을 복사한 후 [Shift]를 누른 상태로 회전 표시를 드래그하여 90도 회전합니다.

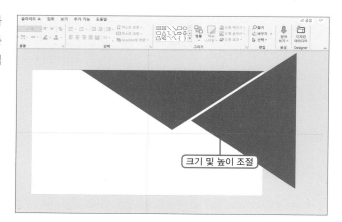

+PLUS [Shift]를 누르고 회전 표시를 드래그하면 15도 단위로 스냅이 잡히며 회전할 수 있습니다.

05 복사한 삼각형의 크기와 높이를 조절합니다. 여기서 주의할 점은 기존 삼각형의 변과 평행해야 한다는 것입니다.

06 다시 삼각형을 복사해서 이번에도 역시 90도 회전한 후 변과 평행하도록 크기와 높이를 조절합니다.

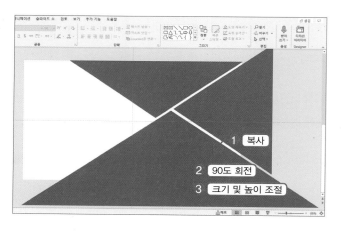

07 왼쪽의 슬라이드를 선택하고 Ctrl + C, Ctrl + V 를 눌러 슬라이드를 복사합니다.

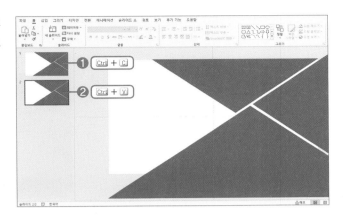

08 삼각형 3개를 모두 선택하고 [도형 서식] – [도형 삽입] – [도형 병합] – [통합]을 선택합니다. 3개의 삼각형이 하나의 개체로 인식됩니다.

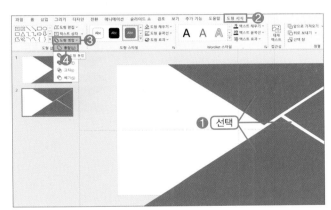

도형에 사진 넣기

Pexels에서 사진을 가져온 후 통합한 삼각형에 넣어 보겠습니다. 'sunset'을 검색하여 붉은 노을이 표현된 사진을 다운받고 파워포인트로 가져옵니다.

01 불러온 노을 사진을 슬라이드에 꽉 차게 확대하여 배치합니다.

02 사진을 더블 클릭하여 [그림 서식]을 활성화한 후 [크기] – [자르기]를 클릭하고 빠져나온 위아래 부분을 슬라이드 크기에 맞게 자릅니다.

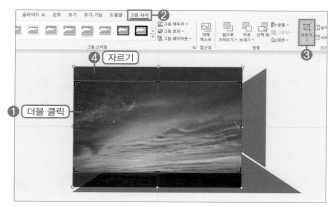

03 사진을 선택한 후 Shift 를 누른 상태에서 통합한 삼각형을 선택합니다. [도형 서식] – [도형 삽입] – [도형 병합] – [교차]를 선택하면 사진이 도형의 모양에 맞게 삽입됩니다.

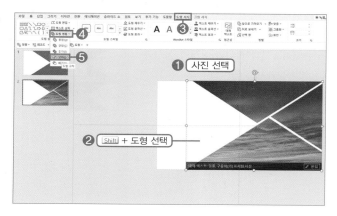

04 사진의 채도를 낮추기 위해 [그림 서식] – [조정] – [색]을 클릭한 후 색 채도는 '66%'를 선택합니다.

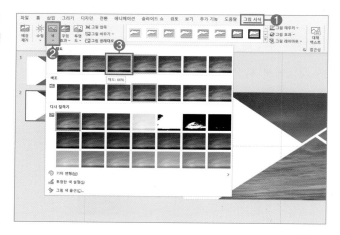

제목 입력하기

슬라이드 빈 공간에 제목을 입력하겠습니다.

01 그림과 같이 제목을 입력하고, 영문(Final Report)은 'Montserrat SemiBold, 18pt', 제목은 'G마켓 산스 Medium, 32pt', 발표자는 'G마켓 산스 Medium, 14pt'로 설정합니다. 강조색은 '진한 빨강'으로 설정합니다.

+PLUS 디자인 요소로 영문 텍스트의 투명도를 '42%'로 설정하고 제목 텍스트 아래 윤곽선을 없앤 가로로 긴 강조색의 사각형을 배치합니다.

도형으로 사진 꾸미기

완성된 사진에 디자인 요소를 조금 더 가미해 보겠습니다.

01 첫 번째 슬라이드로 돌아가 삼각형을 하나 가져옵니다.

02 삼각형을 '흰색'으로 변경한 후 투명도를 '90%'로 설정하고 기존의 위치보다 살짝 위로 배치합니다.

03 같은 방법으로 삼각형을 2개 더 복사한 후 위로 조금씩 더 올려 배치합니다.

> **주의** 복사한 개체의 크기를 줄이지 않고 그대로 위치만 올려 배치해야 합니다.

04 01~03을 나머지 삼각형에도 반복 적용하여 표지 디자인을 완성합니다.

05 | 텍스트가 나열된 표지 디자인

표지에 들어가는 제목이 길거나 제목을 강조한 모던한 디자인의 표지를 만들고 싶다면 일러스트레이션이나 사진 등 부가적인 요소를 빼고 텍스트만으로 구성된 표지를 만드는 것이 좋습니다. 이번에는 텍스트가 나열된 표지를 디자인하는 방법에 대해 알아보겠습니다.

📁 **완성파일** 텍스트 나열 표지.pptx

: 미리보기

우리의 비전과 현황을
소개하도록 하겠습니다
: 지속가능한 발전 기반 네가지 비전을 제시합니다

사업 기획팀
파트장 피도리

배경색 검정, 텍스트 1, 15% 더 밝게		**소속팀/이름 크기** 18pt	
텍스트색 흰색		**소속팀 강조색** 주황	
제목 / 부제 글꼴 G마켓 산스 Bold/G마켓 산스 Medium			
제목 / 부제 크기 40pt/16pt			
제목 강조색 주황			
소속팀/이름 글꼴 G마켓 산스 Medium			

제목을 강조하는 디자인하기

텍스트가 나열되어 있을 때 제목을 강조하는 모던한 디자인 방법에 대해 알아보겠습니다.

01 먼저 배경색을 검은색 톤으로 바꿔 보겠습니다. [배경 서식] – [페인트 아이콘(⬛▾)]을 클릭한 후 '검정, 텍스트 1, 15% 더 밝게'를 선택합니다.

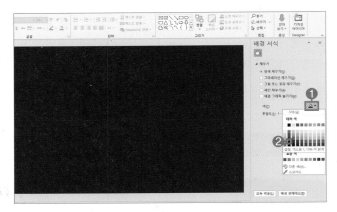

02 다음과 같이 제목과 부제를 입력하고 글꼴은 각각 'G마켓 산스 Bold, 40pt', 'G마켓 산스 Medium, 16pt', 색은 '흰색'으로 설정합니다.

+PLUS 텍스트만 나열하기 때문에 텍스트 크기를 크게 설정하는 것이 좋습니다. 텍스트를 나열한 표지 디자인은 제목이 길거나 제목에 부제가 붙는 등 비교적 텍스트가 많을 때 활용하기 좋습니다.

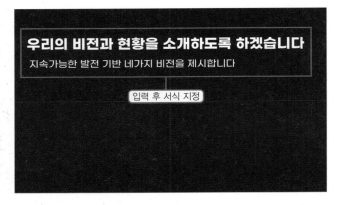

03 제목의 행을 나누고 [홈] – [단락] – [줄 간격] – [줄 간격 옵션]을 선택합니다.

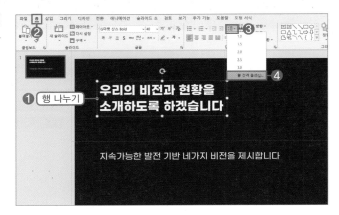

04 [단락] 대화상자의 [들여쓰기 및 간격] 탭에서 줄 간격을 '배수'로, 값을 '1.1'로 입력한 후 [확인]을 클릭합니다.

05 부제 앞에 ': '을 추가로 입력하고 키워드의 색을 '주황'으로 설정합니다.

06 오른쪽 아래에 소속팀과 발표자 이름을 입력하여 디자인을 마무리합니다. 글꼴은 'G마켓 산스 Medium', 크기는 '18pt'로 설정한 후 소속팀 텍스트 색을 '주황'으로, 나머지 텍스트는 '흰색'으로 설정합니다.

⚠ **주의** 텍스트가 많은 표지는 깔끔한 느낌을 줘야 하기 때문에 여백을 통일하는 작업을 잊으면 안 됩니다. 완벽하게 여백을 통일하지 않더라도 눈대중으로라도 여백을 통일하는 것을 추천합니다.

간지 슬라이드는 앞으로 어떤 내용이 시작될지 알려주는 '표지판'이라고 생각하면 됩니다. 기존 목차에서 다음 목차로 넘어가는 것을 알려주는 단계이기 때문에 화려하기보다 단색 배경에 소제목 정도의 텍스트만 입력하는 것을 추천합니다. 간지는 쉬어가는 슬라이드라는 의미인 'Breaking Slide'라고도 불립니다.

간지 디자인

01 | 사진을 활용한 간지 디자인

보통 간지 슬라이드에는 소제목을 입력하거나 목차에 해당하는 부가 내용을 입력합니다. 많은 분들이 간지 슬라이드를 디자인할 때 사진을 활용하는데 그 이유는 목차의 주제를 연상시킬 수 있는 사진을 활용하면 자연스럽게 어떤 주제가 나올지 예상할 수 있기 때문입니다. 이때 슬라이드에 사진을 가득 채우는 것이 아닌 충분한 여백을 주고 사진을 넣는 것이 좋습니다.

📁 완성파일 사진을 활용한 간지 디자인.pptx

: 미리보기 • • •

2019.08 - 2019.09

강남 라인 프렌즈
팝업 스토어

| 시너지 위한 | 매출 판매 | 오프라인 |
| 프로세스 적립 | 200% 달성 | 마켓 결과 |

배경색	R252, G252, B252	**소제목 글꼴**	G마켓 산스 Bold
소제목색	검정, 텍스트 1, 15% 더 밝게	**소제목 크기**	32pt
강조색	R30, G217, B9	**진행기간/키워드 글꼴**	G마켓 산스 Medium
키워드색	검정, 텍스트 1, 50% 더 밝게	**진행기간/키워드 크기**	14pt

간지 레이아웃 잡기

먼저 간지 디자인에 사용될 배경색을 지정한 후 레이아웃을 잡겠습니다.

01 [색] 대화상자에서 [사용자 지정] 탭을 클릭하고 빨강 252, 녹색 252, 파랑 252를 입력한 후 [확인]을 클릭합니다.

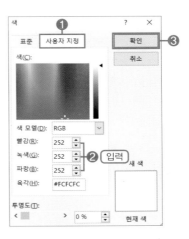

+PLUS 배경색을 바꾸기 위해 마우스 오른쪽 버튼을 클릭한 후 [배경 서식] – [페인트 아이콘(🎨▾)] – [다른 색]을 클릭하면 [색] 대화상자를 열 수 있습니다.

02 그 다음 [홈] – [그리기]에서 [직사각형(□)]을 클릭한 후 사각형으로 사진을 넣을 공간을 만들어 레이아웃을 잡습니다. 사진을 슬라이드에 꽉 차게 채우지 않고 텍스트에 집중할 수 있게 그림과 같이 구도를 잡습니다.

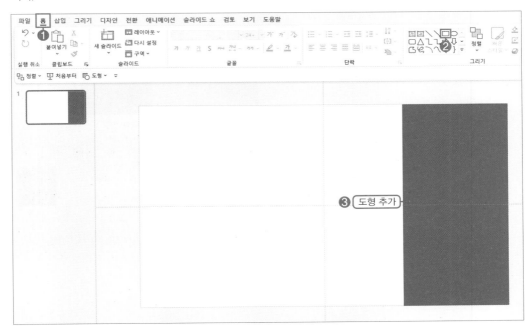

간지 슬라이드는 기존 목차에서 다음 목차로 넘어가기 전 앞으로의 내용을 소개하는 페이지입니다. 간지 슬라이드에 텍스트를 입력한 후 서식을 설정하겠습니다.

01 왼쪽에 소제목을 입력합니다. 글꼴은 'G마켓 산스 Bold', 크기는 '32pt'로 설정하고 색은 [도형 서식] – [텍스트 옵션] –[페인트 아이콘(🖌▾)]을 클릭한 후 '검정, 텍스트 1, 15% 더 밝게'를 선택합니다.

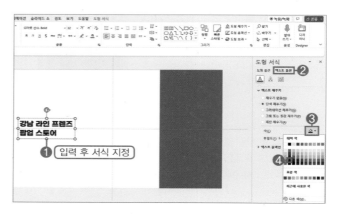

02 소제목 위에 강조색을 활용하여 목차의 순서, 프로젝트 진행기간 등 부가적인 정보를 입력합니다. 글꼴은 'G마켓 산스 Medium', 크기는 '14pt'로 설정하고 색은 [색] 대화상자의 [사용자 지정] 탭에서 빨강 30, 녹색 217, 파랑 9를 입력한 후 [확인]을 클릭합니다.

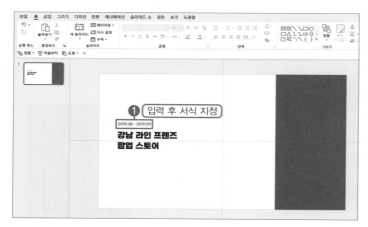
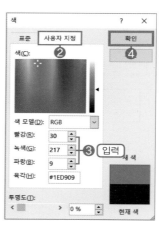

03 이제 목차에서 강조할 키워드를 입력합니다. 글꼴은 'G마켓 산스 Medium', 크기는 '14pt', 색은 '검정, 텍스트 1, 50% 더 밝게'로 설정합니다.

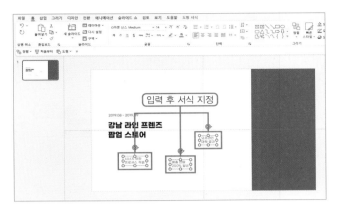

04 그리고 [홈] – [그리기]에서 [선(◇)]을 클릭한 후 Shift 를 누르고 소제목을 기준으로 선을 그립니다.

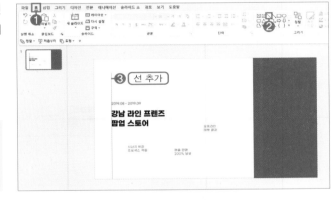

+PLUS 기준선을 그린 이유는 키워드를 왼쪽으로 정렬하기 위함입니다. 정렬 연습이 부족한 독자분들은 선을 만든 후 정렬을 맞추는 것을 추천합니다.

05 기준선에 맞춰 왼쪽 키워드 텍스트를 배치합니다.

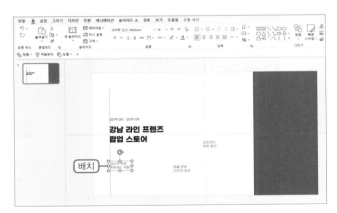

06 이제 정렬하기 위해 키워드 텍스트 3개를 선택한 후 [홈] – [그리기] – [정렬]을 클릭합니다. [맞춤] – [아래쪽 맞춤]을 클릭하여 가장 아래에 있는 키워드를 기준으로 정렬합니다.

+ PLUS [정렬]을 클릭한 후 A, B를 순서대로 눌러 동일한 작업을 할 수 있습니다.

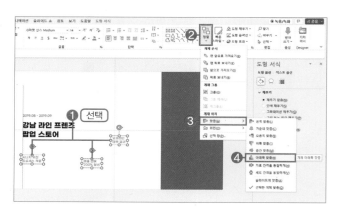

07 다음은 가로 간격을 동일하게 정렬하기 위해 다시 키워드 텍스트 3개를 선택한 후 [홈] – [그리기] – [정렬]을 클릭하고 [맞춤] – [가로 간격을 동일하게]를 클릭합니다.

+ PLUS [정렬]을 클릭한 후 A, H를 순서대로 눌러서 가로 간격을 일정하게 할 수도 있습니다.

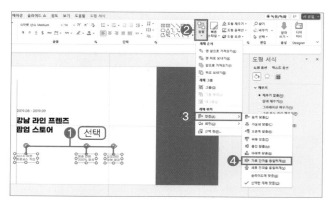

08 정렬을 마친 후 기준선을 삭제합니다.

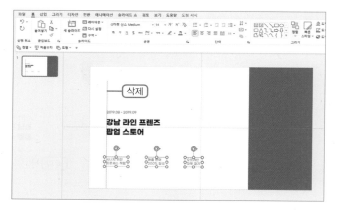

사진을 활용해 간지 디자인하기

Unsplash에서 사진을 가져와 미리 만들어 둔 사각형에 사진을 채워주겠습니다.

01 Unsplash(www.unsplash.com)
에 접속하고 주제에 어울리는 세로로
긴 사진을 골라 [Download free] 옆에
화살표를 클릭한 후 'Medium'을 선택
하여 다운받습니다.

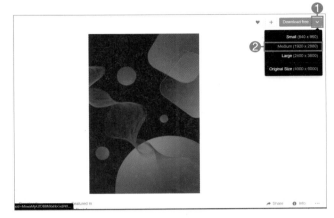

02 다운받은 사진을 파워포인트로
드래그하여 가져옵니다.

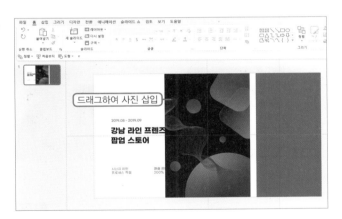

03 사각형 위에 사진을 배치한 후 사
각형과 사진을 같이 드래그하여 선택
합니다. 그리고 [도형 서식] – [도형 삽
입]에서 [도형 병합] – [교차]를 선택합
니다.

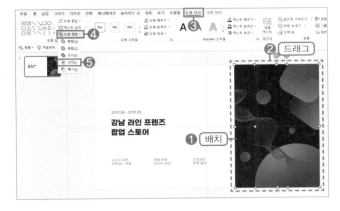

04 사진을 활용한 간지 디자인이 완성되었습니다.

2019.08 - 2019.09

강남 라인 프렌즈
팝업 스토어

시너지 위한
프로세스 적립

매출 판매
200% 달성

오프라인
마켓 결과

+ PLUS 만약 사진을 가로로 넣고 싶다면 구도를 바꿔 가로로 긴 사진을 삽입하고 텍스트 위치만 수정하여 전혀 다른 느낌의 레이아웃으로 활용할 수 있습니다.

2020.02 - 2020.06

피도리의 원데이
오프라인 강의

시너지 위한
프로세스 적립

매출 판매
200% 달성

오프라인
마켓 결과

02 | 텍스트가 많은 간지 디자인

간지 슬라이드에는 목차의 순서와 제목 그리고 목차에 대한 설명 등 텍스트를 많이 입력해야 합니다. 한 슬라이드에 텍스트를 많이 입력할 경우 사람의 시선에 따라서 디자인하는 것이 좋습니다. 목차 제목이나 목차에 대한 설명 등 중요한 내용은 사람의 시선이 가장 먼저 도달하는 왼쪽에 배치하고, 목차의 순서를 나타내는 숫자와 같이 비교적 중요도가 낮은 내용은 사람의 시선이 제일 마지막에 도달하는 오른쪽에 배치합니다.

📁 완성파일 텍스트가 많은 간지 디자인.pptx

: 미리보기

Project-Introduction.

피도리 사이트 구축
피도리 사이트의 전반적인 디자인
스토리 보드를 짜고 진행했어요

금융 어플리케이션 제작
은행사의 백그라운드에 맞춘
히스토리 전형 디자인 제작

01

배경색	R52, G100, B224	**부제목/설명 글꼴**	G마켓 산스 Medium/G마켓 산스 Light
텍스트색	흰색	**부제목/설명 크기**	14pt/12pt
소제목 글꼴	Montserrat ExtraBold	**목차 순서 글꼴**	Montserrat SemiBold
소제목 크기	36pt	**목차 순서 크기**	166pt

소제목과 부제목 입력하기

간지 슬라이드의 배경색을 지정한 후 소제목과 부제목을 입력하겠습니다.

01 [색] 대화상자의 [사용자 지정] 탭에서 빨강 52, 녹색 100, 파랑 224로 입력하여 배경색을 바꿔 줍니다.

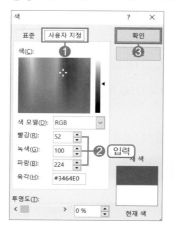

02 배경색을 바꿔준 후 왼쪽에 소제목을 입력합니다. 글꼴은 'Montserrat ExtraBold', 크기는 '36pt', 색은 '흰색'으로 설정합니다.

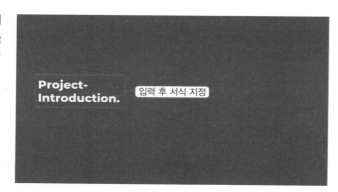

03 소제목 아래 부제목을 입력합니다. 글꼴은 'G마켓 산스 Medium', 크기는 '14pt', 색은 '흰색'으로 설정합니다.

04 다음으로 부제목에 필요한 설명을 입력합니다. 글꼴은 'G마켓 산스 Light', 크기는 '12pt', 색은 '흰색'으로 설정합니다.

05 행간이 좁아 답답하게 느껴지기 때문에 행간을 조정해야 합니다. 설명 텍스트를 선택한 후 [홈] – [단락] – [줄 간격] – [줄 간격 옵션]을 선택합니다.

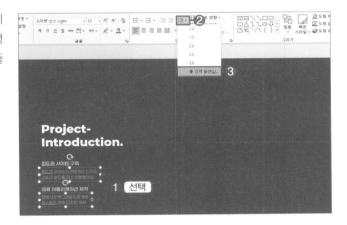

06 [단락] 대화상자의 [들여쓰기 및 간격] 탭에서 줄 간격을 '배수'로 설정한 후 값을 '1.2'라고 입력하고 [확인]을 클릭합니다.

+PLUS 행간과 자간의 값은 주관적인 요소이고 텍스트의 크기에 따라 영향을 많이 받기 때문에 행간과 자간을 계속 조정하면서 본인만의 스타일을 찾는 것이 중요합니다.

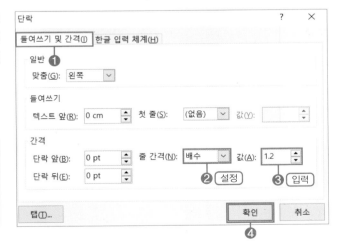

목차 순서 디자인하기

이번에는 슬라이드 오른쪽에 목차의 순서를 나타내는 숫자를 입력하고 디자인을 마무리하겠습니다.

01 목차 순서 글꼴은 'Montserrat SemiBold', 크기는 '166pt', 색은 '흰색'으로 설정합니다.

02 목차 순서 텍스트를 선택한 후 [도형 서식] – [텍스트 옵션]에서 텍스트 채우기를 '채우기 없음'으로 설정합니다. 텍스트 윤곽선은 '실선'에 체크한 후 색은 '흰색', 너비는 '1.75pt'로 설정합니다.

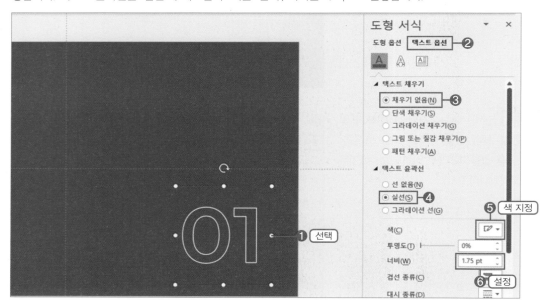

03 텍스트가 많은 간지 디자인이 완성되었습니다.

많은 분이 디자인하기 어려워하는 페이지가 바로 목차입니다. 주제에 따라 목차에 들어가는 텍스트의 양이 너무 적거나 너무 많아서 자간과 행간을 조정하거나 디자인하는 것이 어렵기 때문입니다. 이번 챕터에서는 내용이 많을 때, 사진을 활용할 때, 내용이 적을 때 등등 다양한 상황에서 활용할 수 있는 목차를 만들어 보겠습니다. 그리고 실전에서 다양하게 적용 가능한 레이아웃을 연습해 보겠습니다.

목차 디자인

01 | 픽토그램을 활용한 목차 디자인

목차 슬라이드가 너무 심플해서 허전한 느낌이 들거나 각 목차에 대한 직관성을 높이고 싶을 때는 픽토그램을 사용하는 것을 추천합니다. 픽토그램을 사용할 경우 텍스트와 픽토그램이 눈에 들어와야 하기 때문에 여백을 통일하는 것이 중요합니다. 또한 목차의 제목 및 소제목의 자간과 행간을 디테일하게 조정해야 깔끔하게 목차 슬라이드를 디자인 할 수 있습니다.

📁 완성파일 픽토그램을 활용한 목차.pptx

: 미리보기 •••

CONTENTS

01
**첫번째 제목
적어줍니다**

- 하위 목차를 적고
- 두번째 하위 목차
- 세번째도 적어요

02
**두번째 제목
여기에 씁니다**

- 하위 목차를 적고
- 두번째 하위 목차

03
**마찬가지로
세번째도 씁니다**

- 하위 목차를 적고

04
**마지막 목차
적어줍니다**

- 하위 목차를 적고
- 두번째 하위 목차

배경색	R251, G251, B251
CONTENTS/숫자 글꼴	Bebas Neue
CONTENTS/숫자 크기	66pt/54pt
목차 제목 글꼴	G마켓 산스 Medium
목차 제목 크기	18pt
하위 목차 글꼴	G마켓 산스 Light
하위 목차 크기	14pt

목차 슬라이드 만들기

목차 슬라이드를 만들기 위해 먼저 슬라이드에 들어갈 텍스트를 입력하겠습니다.

01 왼쪽 위에 'CONTENTS'를 입력한 후 글꼴은 'Bebas Neue', 크기는 '66pt'로 설정합니다.

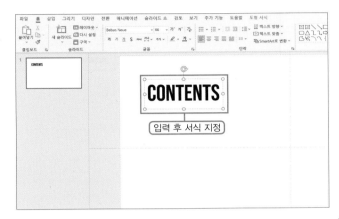

02 'CONTENTS' 텍스트를 복사한 후 목차의 개수에 따라 숫자를 입력합니다. 그리고 숫자 텍스트를 전부 선택한 후 [홈] – [글꼴] – [문자 간격] – [좁게]를 클릭합니다.

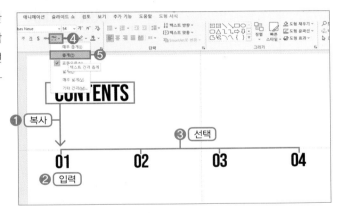

03 숫자 텍스트를 모두 선택한 상태에서 [홈] – [그리기] – [정렬] – [맞춤] – [가로 간격을 동일하게]를 클릭해 간격을 정렬합니다.

+ PLUS [정렬]을 클릭한 후 A, H를 순서대로 눌러도 같은 명령을 실행할 수 있습니다.

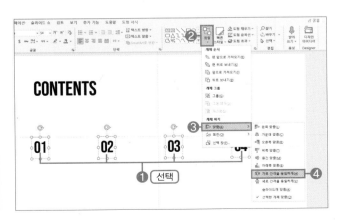

04 숫자 아래 각 목차의 제목을 입력
합니다. 글꼴은 'G마켓 산스 Medium',
크기는 '18pt'로 설정합니다.

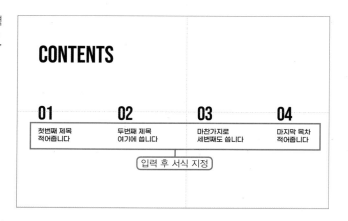

05 목차 제목의 행간을 조정하기 위
해 각 목차 제목 텍스트를 선택하고
[홈] – [단락] – [줄 간격] – [줄 간격
옵션]을 클릭합니다.

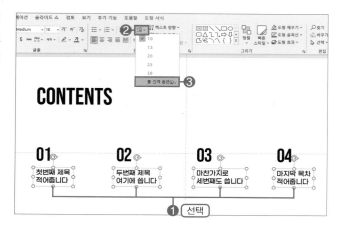

06 [단락] 대화상자의 [들여쓰기 및
간격] 탭에서 줄 간격을 '배수'로 설정
하고 값으로 '1.1'을 입력한 후 [확인]을
클릭합니다.

하위 목차 디자인하기

목차 슬라이드의 레이아웃을 대략적으로 잡았다면 하위 목차를 입력하겠습니다.

01 하위 목차의 글꼴은 'G마켓 산스 Light', 크기는 '14pt'로 설정합니다.

02 하위 목차를 세로로 나열되게 입력하고 [홈] – [단락] – [글머리 기호] – [속이 찬 정사각형 글머리 기호]를 선택합니다.

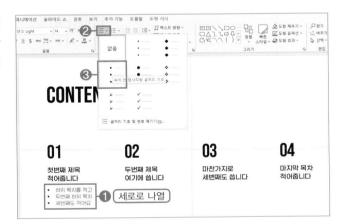

03 하위 목차의 행간을 띄워주기 위해 하위 목차 텍스트를 선택한 후 [홈] – [단락] – [줄 간격] – [줄 간격 옵션]을 클릭합니다.

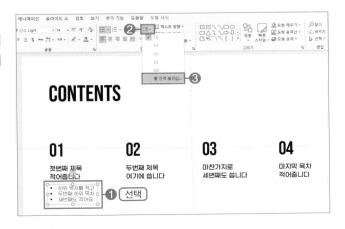

04 [단락] 대화상자의 [들여쓰기 및 간격] 탭에서 줄 간격을 '배수'로 설정하고 값으로 '1.3'을 입력한 후 [확인]을 클릭합니다.

05 완성된 하위 목차 텍스트를 복사하여 각 목차 제목 아래 배치합니다. 목차마다 하위 목차의 개수가 다르다는 가정하에 개수를 다르게 복사합니다.

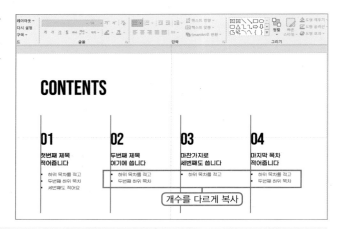

> **주의** 하위 목차 텍스트는 위의 목차 제목 텍스트와 일직선상에 위치해야 합니다. 목차 제목과 하위 목차 텍스트의 위치가 다르면 통일성을 해쳐 직관성이 떨어질 수도 있습니다. 특히 목차의 개수가 많은 경우 더더욱 같은 일직선상에 위치시켜 통일성을 유지하는 것이 좋습니다.

픽토그램으로 목차 여백 채우기

Flaticon에서 픽토그램을 가져와 목차 슬라이드의 여백을 채워주겠습니다.

01 픽토그램을 가져오기 위해 Flaticon(www.flaticon.com)에 접속한 후 본인이 원하는 픽토그램을 영어로 검색합니다.

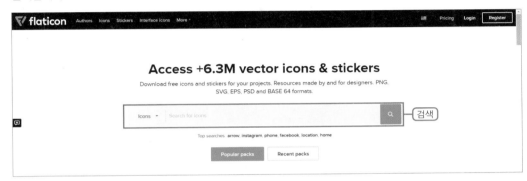

02 원하는 픽토그램에 마우스를 갖다 대면 다운로드 버튼(⬇)이 나옵니다. 이 버튼을 클릭하여 각 목차에 어울리는 픽토그램을 다운로드합니다.

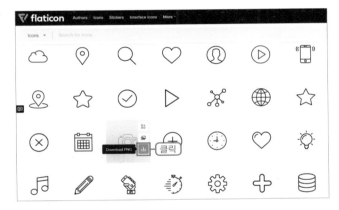

03 다운받은 픽토그램을 파워포인트 화면으로 드래그하여 가져온 후 목차 아래 각각 배치합니다.

04 텍스트와 픽토그램 사이에 밑줄 요소를 넣어 텍스트의 가독성을 높여 줍니다. [도형 서식]에서 선 너비를 '1.5pt'로 설정합니다.

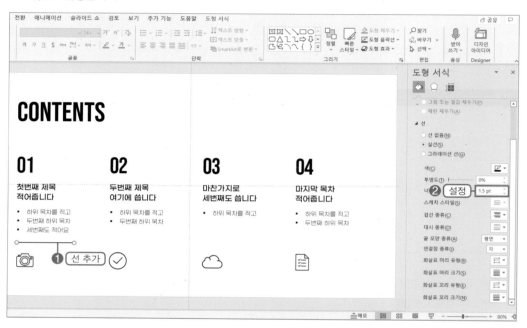

05 마지막으로 배경색을 설정하기 위해 [색] 대화상자의 [사용자 지정] 탭을 클릭하고 빨강 251, 녹색 251, 파랑 251을 입력한 후 [확인]을 클릭합니다.

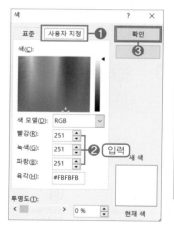
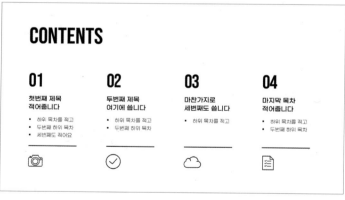

06 픽토그램을 활용한 목차 디자인이 완성되었습니다.

CONTENTS

01

첫번째 제목
적어줍니다

- 하위 목차를 적고
- 두번째 하위 목차
- 세번째도 적어요

02

두번째 제목
여기에 씁니다

- 하위 목차를 적고
- 두번째 하위 목차

03

마찬가지로
세번째도 씁니다

- 하위 목차를 적고

04

마지막 목차
적어줍니다

- 하위 목차를 적고
- 두번째 하위 목차

+PLUS 만약 픽토그램을 찾는 것이 너무 어렵다면 꼭 넣지 않아도 좋습니다. 선을 이용해 심플한 디자인의 목차 슬라이드를 구현할 수 있습니다. 픽토그램을 사용하지 않는다면 'CONTENTS' 텍스트 위 여백과 밑줄 선 아래 여백을 통일하는 것이 좋습니다.

CONTENTS

01

첫번째 제목
적어줍니다

- 하위 목차를 적고
- 두번째 하위 목차
- 세번째도 적어요

02

두번째 제목
여기에 씁니다

- 하위 목차를 적고
- 두번째 하위 목차

03

마찬가지로
세번째도 씁니다

- 하위 목차를 적고

04

마지막 목차
적어줍니다

- 하위 목차를 적고
- 두번째 하위 목차

02 | 하위 목차가 긴 경우의 목차 디자인

하위 목차의 길이가 긴 경우 가로 여백을 일정하게 통일하기 어렵습니다. 이 점을 유의하며 하위 목차의 길이가 긴 경우에 유용한 디자인을 알아보겠습니다.

📁 **완성파일** 하위 목차가 긴 경우 목차.pptx

: 미리보기 ●●●

INDEX

01. ANALYSIS
2021년 후반기 IT 시장의 최대 고객층 및 2022년 1쿼터 전망

AMD와 INTEL의 경쟁으로 인한 CPU 전체 시장 매출 추이

모바일 시장 핵심 타겟 2040 패턴 분석

02. TARGET
노트북이 절실하고 그에 대한 배경지식을 갈구하는 2030여성들

비교적 모바일과 패드에만 친숙한 시기적 1020 컴맹들

03. CONCEPT
단순이 물품을 팔기 위함이 아닌 다른 제품과 차별화된 장점을 어필 하는 전문성

04. METHOD
제품의 쓰임새에 따른 1차 상위 탭 생성

각 브랜드의 성능을 한눈에 비교할 수 있는 표를 최상위에 우선 노출

가장 중요한 부분을 특색으로 강조하여 이 제품을 추천하는 이유 직관적 노출

각 부품 중에서 다운 그레이드, 업그레이드 제품 추천 UI 추가

배경색 검정, 텍스트 1	**목차 제목 글꼴** Montserrat ExtraBold
강조색 R245, G216, B149	**목차 제목 크기** 14pt
텍스트/선색 흰색	**하위 목차 글꼴** G마켓 산스 Medium
INDEX 글꼴 Montserrat SemiBold	**하위 목차 크기** 14pt
INDEX 크기 36pt	

INDEX 슬라이드 만들기

INDEX 슬라이드를 만들기 위해 배경색을 바꾸고 첫 번째 목차 제목을 입력하겠습니다.

01 배경색을 바꾸기 위해 마우스 오른쪽 버튼을 클릭하고 [배경 서식]을 선택합니다. [배경 서식] – [페인트 아이콘(🎨▾)]을 클릭한 후 '검정, 텍스트 1'을 선택합니다.

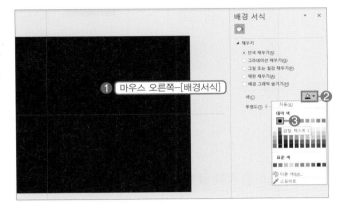

02 왼쪽 위에 'INDEX'를 입력합니다. 글꼴은 'Montserrat SemiBold', 크기는 '48pt', 색은 '흰색'으로 설정합니다.

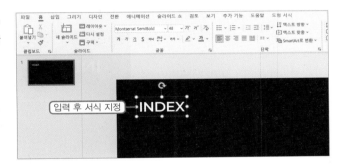

03 선을 넣어 직관성을 높여주겠습니다. 선의 색은 [색] 대화상자의 [사용자 지정] 탭에서 빨강 245, 녹색 216, 파랑 149로 설정합니다.

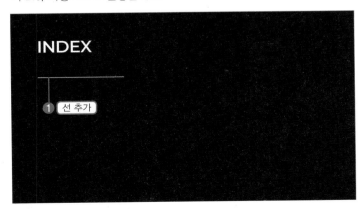
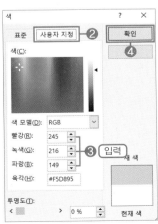

04 목차 제목은 선과 동일한 색을 사용하여 입력합니다. 글꼴은 'Montserrat ExtraBold', 크기는 '16pt'로 설정합니다.

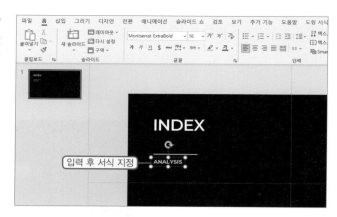

길이가 긴 하위 목차 입력하기

목차와 하위 목차를 구별하기 위한 선을 그린 후 길이가 긴 하위 목차를 입력하겠습니다.

01 선의 굵기를 '3pt'로 설정한 후 이전 과정에서 그린 선 오른쪽에 그려 줍니다. 구별을 위한 선이기 때문에 기존의 색과 달리 '흰색'으로 지정합니다.

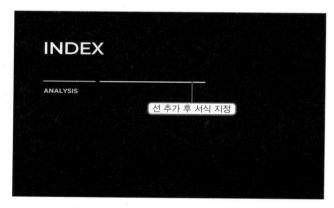

02 추가한 선 아래 길이가 긴 하위 목차를 입력합니다. 글꼴은 'G마켓 산스 Medium', 크기는 '14pt', 색은 '흰색'으로 설정합니다.

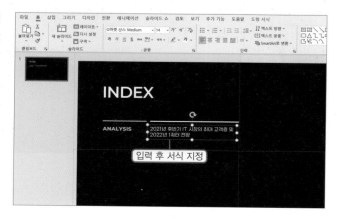

03 하위 목차 텍스트의 행간을 설정하기 위해 하위 목차 텍스트를 선택한 후 [홈] – [단락] – [줄 간격] – [줄 간격 옵션]을 클릭합니다.

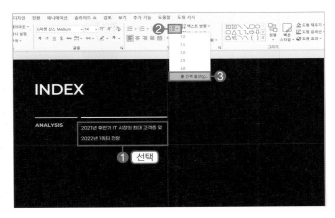

04 [단락] 대화상자의 [들여쓰기 및 간격] 탭에서 줄 간격을 '배수'로 설정하고 값으로 '1.1'을 입력한 후 [확인]을 클릭합니다.

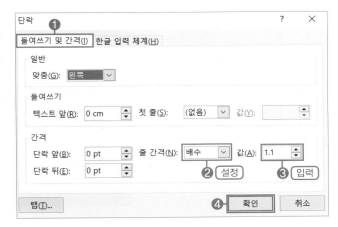

05 하위 목차가 2~3개 있을 경우를 가정하여 첫 번째 하위 목차 텍스트를 Ctrl + C , Ctrl + V 를 눌러 복사하고 나머지 목차를 입력합니다.

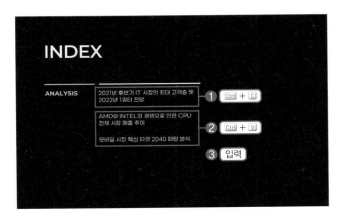

06 'ANALYSIS' 텍스트와 하위 목차 텍스트 그리고 선을 모두 선택하여 Ctrl + C를 눌러 복사합니다. Ctrl + V를 눌러 바로 아래 붙여넣습니다.

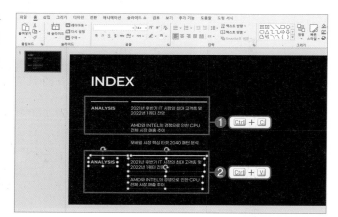

07 복사한 목차의 내용을 수정한 후 각 목차의 순서를 나타내기 위해 목차 제목 앞에 숫자를 입력합니다.

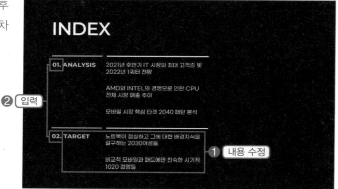

08 세 번째와 네 번째 목차는 앞에서 만든 목차 제목 텍스트와 하위 목차 텍스트 그리고 선 요소를 복사해 오른쪽에 위치시킨 후 내용을 수정합니다.

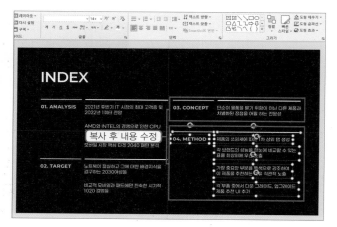

여백과 텍스트 서식 통일하기

텍스트를 모두 수정하였다면 이제 전체적인 여백과 텍스트 서식을 통일하겠습니다.

01 양옆의 여백이 맞는지 체크하기 위해 왼쪽 여백 크기에 맞는 사각형을 그립니다.

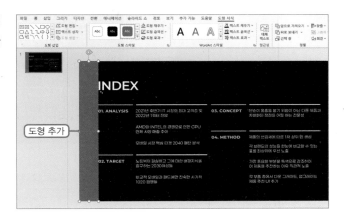

02 왼쪽 사각형을 복사해서 오른쪽에 배치하고 텍스트와 선 요소를 모두 선택하여 방향키로 여백에 맞춰 움직입니다. 여백을 다 맞춘 후에는 사각형을 지워 줍니다.

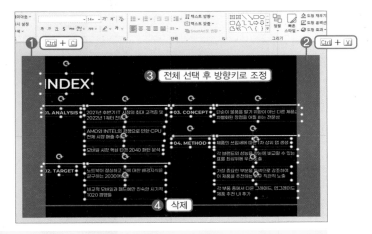

> **+PLUS** 여백을 정확하게 맞출 필요는 없습니다. 눈대중으로 밉지 않게 여백을 통일시키면 됩니다. 여백 조절을 처음 해보는 경우 여백을 맞추는 단계가 낯설고 어려울 수 있습니다. 하지만 이렇게 사각형을 활용해서 여백을 맞추는 습관을 들이면 나중에는 사각형을 따로 그리지 않아도 여백을 쉽게 맞출 수 있기 때문에 이 연습이 굉장히 중요합니다.

03 위아래 여백도 **02**와 동일한 방법으로 여백을 맞추고 사각형을 지워 줍니다.

04 이번에는 텍스트 서식을 통일하겠습니다. 먼저 목차 제목의 텍스트가 조금 큰 것 같아서 크기를 줄여 줍니다. 목차 제목 텍스트를 모두 선택한 후 [Ctrl] + [[]를 눌러서 '14pt'까지 크기를 줄여 줍니다.

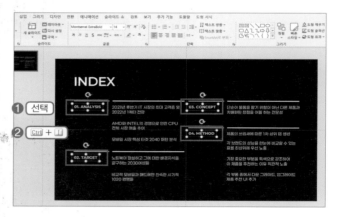

> **+PLUS** [Ctrl] + [[] 단축키가 실행되지 않으면 [Ctrl] + [Shift] + [<] 단축키로 텍스트 크기를 줄일 수 있습니다.

05 04와 동일한 방법으로 'INDEX' 텍스트의 크기도 '36pt'까지 줄여 줍니다.

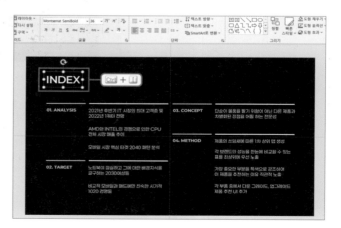

06 하위 목차 길이가 긴 경우의 목차 디자인을 완성했습니다. 선을 이용해 목차와 하위 목차의 구별을 뚜렷하게 하여 직관성과 가독성을 높이는 디자인입니다.

INDEX

01. ANALYSIS

2021년 후반기 IT 시장의 최대 고객층 및 2022년 1쿼터 전망

AMD와 INTEL의 경쟁으로 인한 CPU 전체 시장 매출 추이

모바일 시장 핵심 타겟 2040 패턴 분석

02. TARGET

노트북이 절실하고 그에 대한 배경지식을 갈구하는 2030여성들

비교적 모바일과 패드에만 친숙한 시기적 1020 컴맹들

03. CONCEPT

단순이 물품을 팔기 위함이 아닌 다른 제품과 차별화된 장점을 어필 하는 전문성

04. METHOD

제품의 쓰임새에 따른 1차 상위 탭 생성

각 브랜드의 성능을 한눈에 비교할 수 있는 표를 최상위에 우선 노출

가장 중요한 부분을 특색으로 강조하여 이 제품을 추천하는 이유 직관적 노출

각 부품 중에서 다운 그레이드, 업그레이드 제품 추천 UI 추가

◎⑧ | 사진을 활용한 목차 디자인

목차 디자인에서 사진을 사용하는 이유는 그 목차에서 설명할 내용을 사진으로 강조하기 위함입니다. 텍스트를 읽지 않아도 해당 목차의 내용을 유추할 수 있는 사진을 사용하는 것이 좋습니다.

📁 완성파일 사진을 활용한 목차.pptx

: 미리보기

CONTENTS

01

첫번째 목차를 여기에다
적어주도로 합니다

PAGE 02

02

제목을 적어주겠습니다
두번째 목차에요

PAGE 15

03

세번째 목차를 여기
적어주겠습니다

PAGE 22

04

마지막 목차를 적고
마무리합니다

PAGE 30

배경색	R251, G251, B251	목차 제목 글꼴	G마켓 산스 Medium
CONTENTS 글꼴	Bebas Neue	목차 제목 크기	16pt
CONTENTS 크기	40pt	페이지 번호 글꼴	Bebas Neue
목차 순서 글꼴	Bebas Neue	페이지 번호 크기	16pt
목차 순서 크기	32pt	페이지 번호 투명도	70%
목차 순서 색	R227, G23, B23		

목차 레이아웃 만들기

사진을 활용해 목차를 디자인하기 위해 먼저 전체 레이아웃을 잡아주겠습니다.

01 왼쪽 위에 'CONTENTS'를 입력합니다. 글꼴은 'Bebas Neue', 크기는 '48pt'로 설정합니다.

02 도형을 이용해 레이아웃을 잡아보겠습니다. 목차가 4개라고 가정하고 4개의 사각형을 만들어 줍니다.

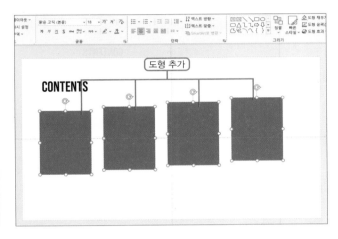

+PLUS 목차에 사진이 들어갈 경우 도형을 활용해서 레이아웃을 잡는 습관을 들이는 것이 좋습니다

03 양옆 여백을 맞추기 위해 동일한 너비의 사각형을 양끝에 위치시킨 후 맨 오른쪽 사각형을 여백에 맞춰 이동합니다. 여백을 맞추기 위해 만들었던 사각형은 지워 줍니다.

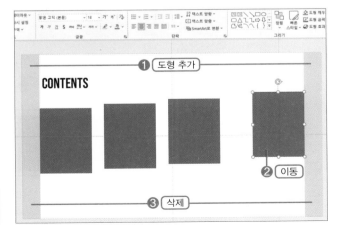

+PLUS 슬라이드 배경을 마우스 오른쪽 버튼으로 클릭하고 [눈금 및 안내선] – [스마트 가이드]에 체크하면 파워포인트의 스냅기능으로 양옆의 여백을 쉽게 맞출 수 있습니다.

04 사각형 4개를 모두 선택한 후 [홈] – [그리기] – [정렬] – [맞춤] – [아래쪽 맞춤]을 눌러 사각형의 아랫부분을 기준으로 정렬합니다.

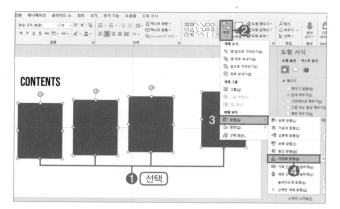

+PLUS [정렬]을 클릭한 후 A, B를 순서대로 눌러도 실행 가능합니다.

05 이번에는 [홈] – [그리기] – [정렬] – [맞춤] – [가로 간격을 동일하게]를 눌러 가로 간격을 일정하게 합니다.

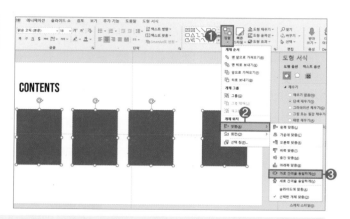

+PLUS [정렬]을 클릭한 후 A, H를 순서대로 눌러도 같은 명령을 실행할 수 있습니다. 책에서는 정렬 기능을 한 단계씩 보여 주지만, 따라 할 때는 단축키를 사용할 것을 권장합니다. 단축키를 손에 익히면 파워포인트 작업 속도를 올릴 수 있습니다.

06 Ctrl + G 를 눌러 그룹화한 후 그룹 개체를 선택한 상태에서 [홈] – [그리기] – [정렬] – [맞춤] – [가운데 맞춤]을 클릭하여 슬라이드의 정가운데로 정렬합니다.

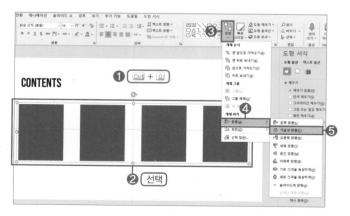

+PLUS [정렬]을 클릭한 후 A, C를 순서대로 눌러도 같은 명령을 실행할 수 있습니다.

07 Ctrl + Shift + G 를 눌러 그룹화를 해제합니다. 이어서 'CONTENTS' 텍스트의 위치를 맨 왼쪽 사각형과 동일 선상에 배치합니다.

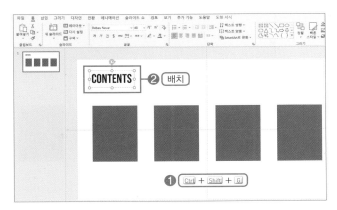

08 슬라이드 세로 길이만큼 선을 그어 각 사각형 사이에 배치합니다.

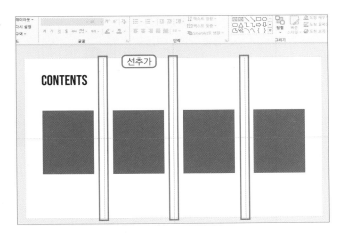

09 세로 선과 사각형의 가로 간격을 일정하게 맞추기 위해 Ctrl + A 를 눌러 개체 전체를 선택합니다. Shift 를 누른 후 'CONTENTS' 텍스트를 클릭하여 'CONTENTS' 텍스트의 선택을 해제합니다.

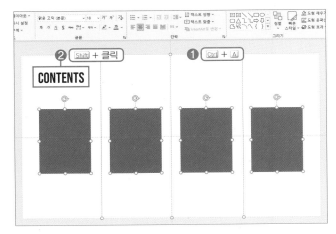

10 선과 사각형만 선택된 상태에서 [홈] – [그리기] – [정렬] – [맞춤] – [가로 간격을 동일하게]를 클릭하여 가로 간격을 일정하게 합니다.

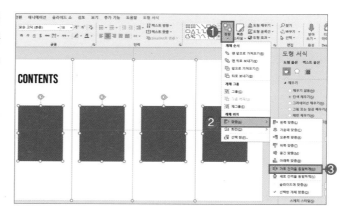

11 세로 선을 전체 선택한 후 [도형 서식]에 들어가 선의 색을 '검정, 텍스트 1, 35% 더 밝게'로 설정합니다.

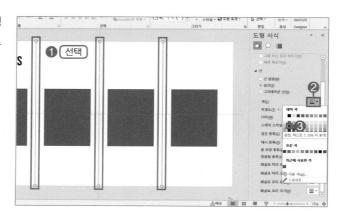

목차 순서 및 제목과 페이지 번호 입력하기

전체적인 레이아웃을 잡았으니 이제 목차의 순서와 제목, 페이지 번호를 입력하겠습니다.

01 Ctrl + C 를 눌러 'CONTENTS' 텍스트를 복사한 후 Ctrl + V 를 눌러 사각형 위에 배치합니다. '01'을
입력한 후 크기는 '32pt', 색은 [색] 대화상자의 [사용자 지정] 탭에서 빨강 227, 녹색 23, 파랑 23으로 설정합
니다.

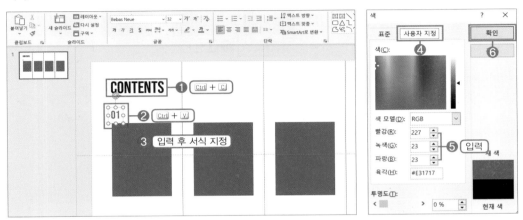

02 사각형 도형 아래 목차의 제목을 입력합니다. 글꼴은 'G마켓 산스 Medium', 크기는 '16pt'로 설정합니다.

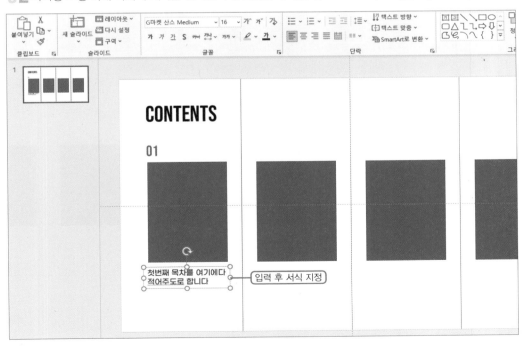

03 목차 제목 텍스트의 행간을 설정하기 위해 목차 제목 텍스트를 선택한 후 [홈] – [단락] – [줄 간격] – [줄 간격 옵션]을 클릭합니다.

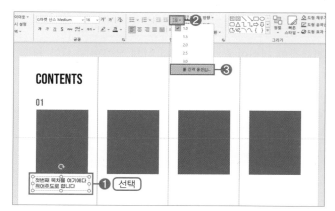

04 [단락] 대화상자의 [들여쓰기 및 간격] 탭에서 줄 간격을 '배수'로 설정하고 값으로 '1.1'을 입력한 후 [확인]을 클릭합니다.

05 목차 제목 아래 페이지 번호를 입력합니다. 페이지 번호 글꼴은 'Bebas Neue', 크기는 '16pt'로 설정합니다.

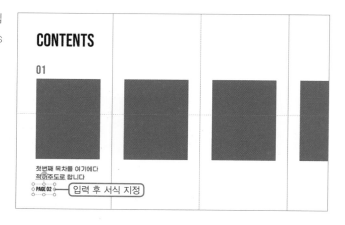

06 페이지 번호 텍스트를 선택한 후 [도형 서식] – [텍스트 옵션]에서 투명도를 '70%'로 설정합니다.

07 목차 순서와 제목 그리고 페이지 번호 텍스트를 각각 복사한 후 내용을 수정하고 각 사각형 왼쪽 정렬에 맞춰 배치합니다.

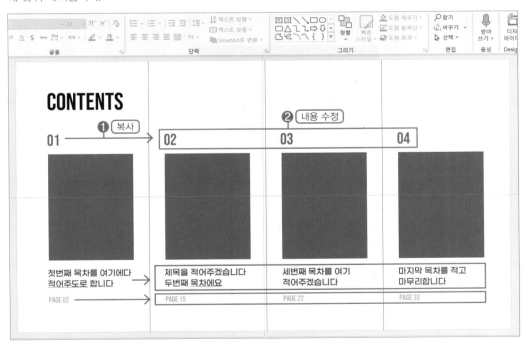

목차와 어울리는 사진 가져오기

Pexels에서 목차 제목과 어울리는 사진을 가져오겠습니다.

01 Pexels(www.pexels.com)에 접속한 후 원하는 사진을 검색합니다.

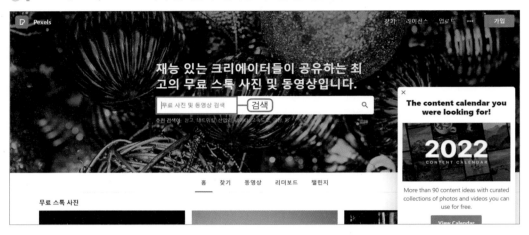

02 원하는 사진을 골라 클릭한 후 [무료 다운로드] 옆에 화살표를 클릭하고 '중간'을 선택하여 다운받습니다.

03 다운받은 사진을 파워포인트로 드래그하여 가져온 후 사각형 크기에 맞춰 조절합니다.

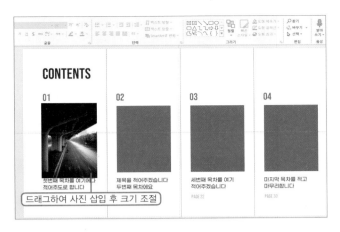

04 사진과 뒤에 겹쳐진 사각형만 드래그하여 선택한 후 [도형 서식] - [도형 삽입] - [도형 병합] - [교차]를 클릭합니다.

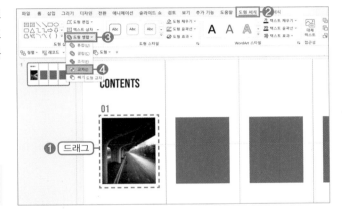

+PLUS [도형 병합]을 클릭한 후 영문 단축키 I를 눌러도 실행 가능합니다.

05 01~04 과정을 나머지 사진에도 반복 적용합니다.

06 'CONTENTS' 텍스트의 크기를 '40pt'로 설정합니다. 그리고 배경색을 바꾸기 위해 [색] 대화상자의 [사용자 지정] 탭에서 빨강 251, 녹색 251, 파랑 251을 입력한 후 확인을 클릭합니다.

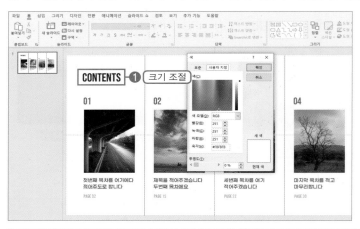
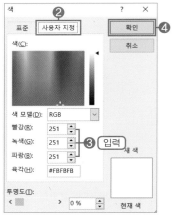

+ PLUS 슬라이드를 전반적으로 완성한 후 텍스트의 크기, 여백, 배경색을 미세하게 수정하는 것이 좋습니다. 배경색이나 전반적인 텍스트의 크기를 슬라이드 초반 단계에서 확정하기 어렵기 때문입니다. 사진의 색감과 크기에 따라서 전반적인 느낌이 달라지기 때문에 마무리 작업에서 텍스트의 크기, 배경색, 자간 및 행간 등을 정리하는 습관을 들이는 것을 추천합니다.

07 사진을 활용한 목차 디자인이 완성되었습니다.

04 | 순서 및 텍스트를 강조한 목차 디자인

도형을 활용하면 한눈에 들어오는 깔끔한 목차를 디자인할 수 있습니다. 앞으로 진행될 발표 내용의 순서를 강조하고자 할 때 활용하기 좋은 순서 및 텍스트를 강조한 목차 디자인에 대해 알아보겠습니다.

📁 완성파일 순서 및 텍스트를 강조한 목차.pptx

: 미리보기

INDEX

01

**메타버스 개념,
출현하게된 배경**

메타버스의 개념에 대해
정확하게 이해하고 3가지의
출현 배경에 대해 알아본다

02

**메타버스의 유형,
플랫폼 소개**

메타버스의 3가지 유형별로
어떤 플랫폼이 있고 어떻게
운영되고 있는지 알아본다

03

**발전 가능성 및
시장 전망**

메타버스 관련 총 사업
시장 통화액을 알아보고
발전가능성을 예측한다

회사이름을 적습니다   Page 02

배경색	R244, G247, B252	목차 제목/부제 글꼴	G마켓 산스 Bold/ G마켓 산스 Medium
목차 순서 도형색	파랑, 강조 5, 25% 더 어둡게	목차 제목/부제 크기	20pt/14pt
INDEX 글꼴	Montserrat ExtraBold	부제 투명도	60%
INDEX 크기	54pt	회사명/페이지 번호 글꼴	G마켓 산스 Medium
목차 순서 글꼴	Montserrat ExtraBold	회사명/페이지 번호 크기	12pt
목차 순서 크기	18pt		

도형을 활용해 목차 순서 입력하기

순서 및 텍스트를 강조한 목차를 만들기 위해 먼저 배경색을 지정하고 도형을 활용해 목차 순서를 입력하겠습니다.

01 배경색을 바꾸기 위해 [색] 대화상자의 [사용자 지정] 탭에서 빨강 244, 녹색 247, 파랑 252를 입력한 후 [확인]을 클릭합니다.

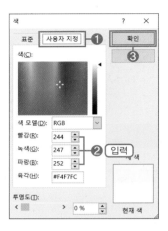

02 왼쪽 위에 'INDEX'를 입력합니다. 글꼴은 'Montserrat ExtraBold', 크기는 '54pt'로 설정합니다.

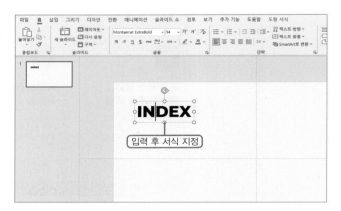

03 목차 순서를 입력할 사각형 도형을 그립니다. [도형 서식]에서 색은 배경색과 어울리는 '파랑, 강조 5, 25% 더 어둡게'로 설정한 후 사각형의 윤곽선은 '선 없음'으로 설정합니다.

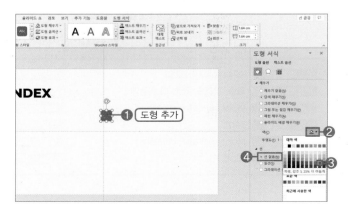

04 사각형을 클릭한 후 '01'을 입력합니다. 목차 순서 글꼴은 'Montserrat ExtraBold', 크기는 '18pt'로 설정합니다.

05 목차의 개수만큼 사각형을 복사한 후 숫자를 '02', '03'으로 수정합니다.

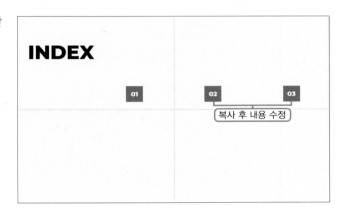

목차 제목과 부제 입력하기

목차 순서 아래 목차 제목과 부제를 입력하겠습니다.

01 첫 번째 목차 제목을 입력합니다. 목차 제목 글꼴은 'G마켓 산스 Bold', 크기는 '24pt'로 설정합니다.

02 목차 제목 아래 부제를 입력합니다. 부제 글꼴은 'G마켓 산스 Medium', 크기는 '16pt'로 설정합니다. 부제에 투명도를 주기 위해 [텍스트 옵션]에서 투명도를 '60%'로 설정합니다.

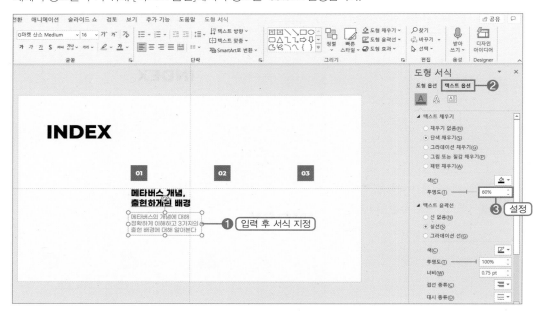

03 목차 제목과 부제 텍스트의 행간을 설정하기 위해 목차 제목과 부제 텍스트를 선택한 후 [홈] – [단락] – [줄 간격] – [줄 간격 옵션]을 클릭합니다.

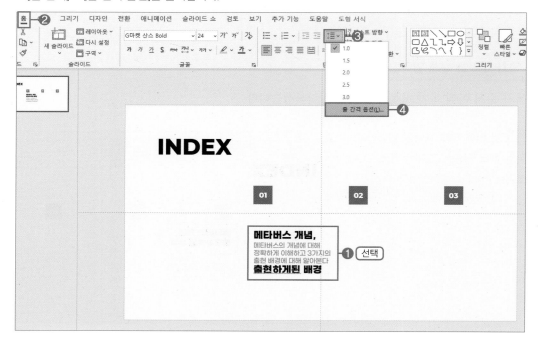

04 [단락] 대화상자의 [들여쓰기 및 간격] 탭에서 줄 간격을 '배수'로 설정하고 값으로 '1.1'을 입력한 후 [확인]을 클릭합니다.

+ PLUS 행간이 늘어남에 따라 도형과 목차, 그리고 부제의 세로 간격과 여백을 조절해 주는 것이 가독성에 좋습니다.

강조색을 사용해서 직관성 높이기

01 목차에서 강조하고 싶은 단어를 드래그한 후 [도형 서식] – [텍스트 옵션]에서 '파랑, 강조 5, 25% 더 어둡게'로 설정합니다.

+ PLUS 핵심 단어의 색을 강조하면 직관성이 훨씬 높아집니다. 이 방법은 다양한 상황에서 많이 쓰이는 강조 기법입니다.

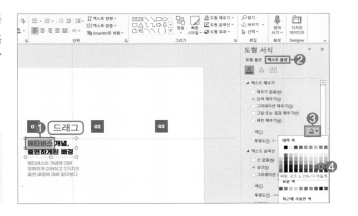

02 첫 번째 목차 제목과 부제 텍스트를 Ctrl + C를 눌러 복사한 후 Ctrl + V를 눌러 두 번째, 세 번째 목차에 붙여넣습니다. 붙여넣을 때 텍스트가 사각형 왼쪽 정렬에 맞게 배치합니다.

03 오른쪽으로 살짝 벗어난 텍스트의 위치를 조정한 후 목차 제목과 부제를 수정합니다.

04 목차 제목 텍스트를 모두 선택한 후 Ctrl + [를 눌러 '20pt'까지 줄입니다.

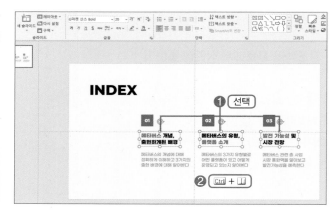

> **+PLUS** Ctrl + [단축키가 실행되지 않으면 Ctrl + Shift + < 단축키로 텍스트 크기를 줄일 수 있습니다.

05 부제 텍스트를 모두 선택한 후 Ctrl + [를 눌러 '14pt'까지 줄입니다.

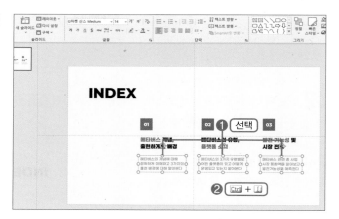

06 목차 제목과 부제 텍스트 사이의 여백을 줄이기 위해 목차 순서 도형과 목차 제목 텍스트를 동시에 선택한 후 방향키 ↓를 눌러 내려 줍니다.

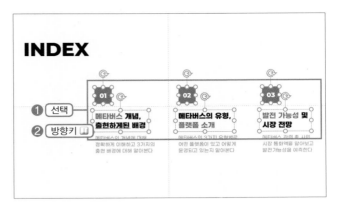

07 마지막으로 슬라이드 아래 회사명과 페이지 번호를 입력합니다. 글꼴은 'G마켓 산스 Medium', 크기는 '12pt'로 설정합니다. 순서와 텍스트를 강조한 목차 디자인이 완성되었습니다.

Chapter

05

PPT를 본격적으로 만들기 전에 먼저 템플릿 작업을 해야 합니다. 템플릿 작업은 전체 슬라이드의 전반적인 테마를 정하는 것입니다. 일정 부분 틀을 정해놓고 정해진 틀 안에 콘텐츠를 넣으면 보는 사람도 통일성 있게 볼 수 있고 제작자도 제목, 부제, 페이지 번호 등의 위치를 새로 지정할 필요가 없기 때문에 작업 능률이 향상됩니다. 그래서 템플릿을 잘 잡아 놓고 작업을 시작하면 시간도 절약되고 결과물의 퀄리티도 상승시킬 수 있습니다.

템플릿 디자인

01 | 보고서에 적합한 템플릿 디자인

파워포인트로 보고서를 만들어야 할 때가 있습니다. 보통 보고서에는 자세한 보고내용부터 현재 업무 상황 등 들어갈 내용이 많기 때문에 슬라이드의 면적을 최대한 활용하는 것이 좋습니다. 양옆 여백을 통일시키고, 가운데 정렬보단 양끝 맞춤 템플릿으로 만드는 것이 좋습니다. 양끝 맞춤 템플릿은 슬라이드 내의 공간을 최대한으로 활용할 수 있는 구도이기 때문입니다.

📁 완성파일 보고서 템플릿.pptx

: 미리보기

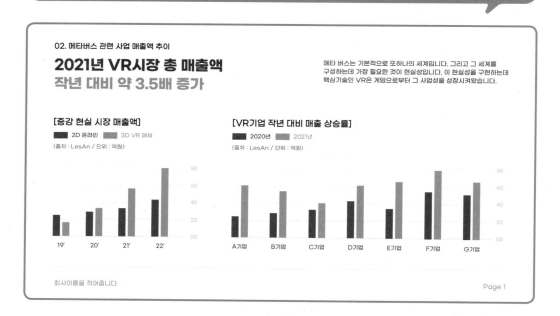

02. 메타버스 관련 사업 매출액 추이

2021년 VR시장 총 매출액
작년 대비 약 3.5배 증가

메타 버스는 기본적으로 또하나의 세계입니다. 그리고 그 세계를 구성하는데 가장 필요한 것이 현실성입니다. 이 현실성을 구현하는데 핵심기술인 VR은 게임으로부터 그 사업성을 성장시켜왔습니다.

[증강 현실 시장 매출액]
■ 2D 온라인 ■ 3D VR 매체
(출처 : LesAn / 단위 : 억원)

[VR기업 작년 대비 매출 상승률]
■ 2020년 ■ 2021년
(출처 : LesAn / 단위 : 억원)

회사이름을 적어줍니다   Page 1

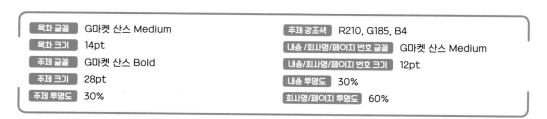

목차 글꼴	G마켓 산스 Medium	주제 강조색	R210, G185, B4
목차 크기	14pt	내용 /회사명/페이지 번호 글꼴	G마켓 산스 Medium
주제 글꼴	G마켓 산스 Bold	내용/회사명/페이지 번호 크기	12pt
주제 크기	28pt	내용 투명도	30%
주제 투명도	30%	회사명/페이지 투명도	60%

보고서 목차 및 주제 서식 설정하기

보고서에 적합한 템플릿을 만들기 위해 먼저 보고서의 목차와 주제를 입력하고 서식을 설정하겠습니다.

01 보고서에 공통으로 들어가는 내용 중 목차를 왼쪽 위에 입력합니다. 글꼴은 'G마켓 산스 Medium', 크기는 '14pt'로 설정합니다.

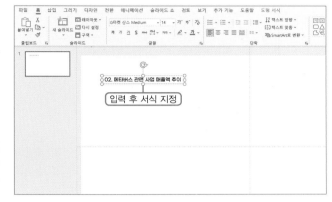

> **➕PLUS** 보고서에 공통으로 들어가는 내용은 목차, 회사명, 슬라이드 제목, 페이지 번호 등이 있습니다.

02 목차 아래에 보고서의 주제를 입력합니다. 글꼴은 'G마켓 산스 Bold', 크기는 '28pt'로 설정합니다.

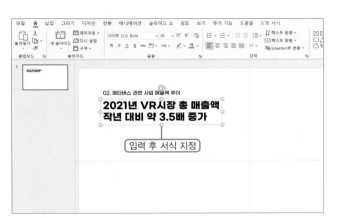

03 주제 텍스트의 자간을 설정하기 위해 주제 텍스트를 선택한 후 [홈] – [글꼴] – [문자 간격] – [기타 간격]을 클릭합니다.

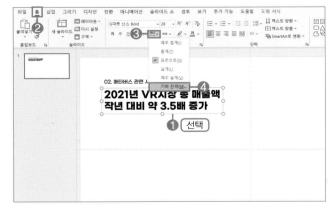

04 [글꼴] 대화상자의 [문자 간격] 탭에서 간격은 '좁게', 값은 '0.7'로 입력한 후 [확인]을 클릭합니다.

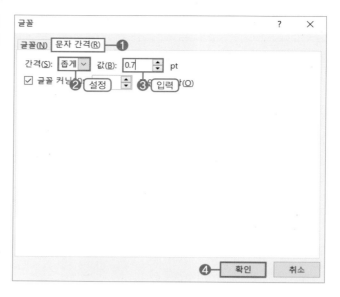

05 다음은 행간을 설정하기 위해 주제 텍스트를 선택한 후 [홈] – [단락] – [줄 간격] – [줄 간격 옵션]을 클릭합니다.

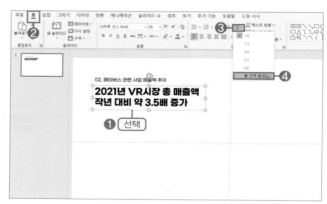

06 [단락] 대화상자가 나타나면 줄 간격을 '배수'로 설정하고 값을 '1.1'로 입력한 후 [확인]을 클릭합니다.

07 주제 텍스트에 강조색을 사용하기 위해 강조할 텍스트를 드래그한 후 [텍스트 옵션]에서 [페인트 아이콘 (△▾)] – [다른 색]을 클릭합니다. [색] 대화상자의 [사용자 지정] 탭에서 빨강 210, 녹색 185, 파랑 4를 입력한 후 [확인]을 클릭합니다.

PLUS 보고서의 특성상 텍스트가 많기 때문에 채도가 높은 색을 쓰면 눈이 쉽게 피로해질 수 있습니다. 따라서 강조하는 문구가 자연스럽게 눈에 띌 수 있도록 채도가 낮은 색을 사용하는 것이 좋습니다.

08 주제 텍스트의 강조색이 눈에 잘 들어오도록 기존의 검은색 텍스트만 드래그한 후 [텍스트 옵션]에서 투명도를 '30%'로 설정합니다.

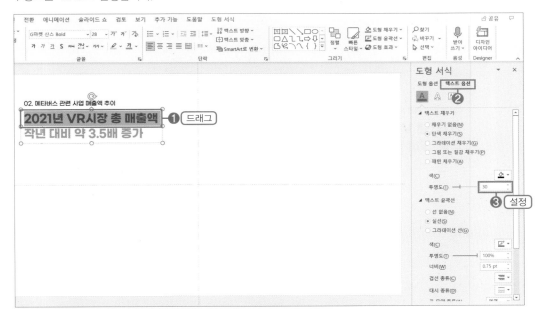

09 주제 서식을 설정해 놓으면 주제가 바뀌더라도 서식 복사 붙여넣기로 쉽게 텍스트를 수정할 수 있습니다.

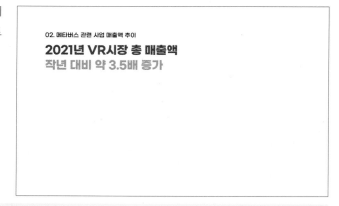

+PLUS 보고서의 특성상 텍스트를 욱여넣는 경우가 생길 수 있는데, 이 과정에서 텍스트 크기가 많이 작아지기도 합니다. 하지만 웬만하면 텍스트 크기는 '12pt' 아래로 설정하지 않습니다. 텍스트 크기가 '12pt'보다 작을 경우 보는 사람 입장에서 눈이 쉽게 피로해지고 직관성이 떨어지기 때문입니다.

보고서 내용 서식 설정하기

다음으로 보고서에 들어갈 내용을 입력한 후 서식을 설정하겠습니다.

01 보고서의 내용을 입력합니다. 글꼴은 'G마켓 산스 Medium', 크기는 '12pt'로 설정합니다.

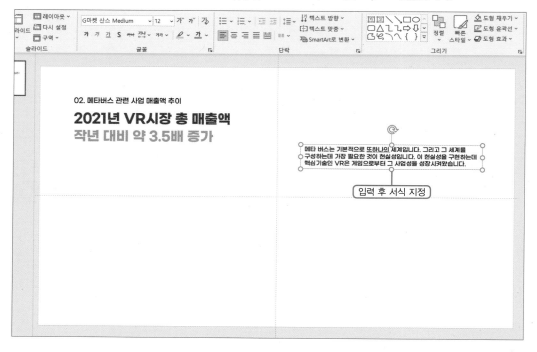

02 행간을 조정하기 위해 보고서 내용 텍스트를 선택한 후 [홈] – [단락] – [줄 간격] – [줄 간격 옵션]을 클릭합니다.

03 [단락] 대화상자의 [들여쓰기 및 간격] 탭에서 줄 간격을 '배수'로 설정하고 값을 '1.15'로 입력한 후 [확인]을 클릭합니다.

04 주제 텍스트와 내용 텍스트의 여백을 동일하게 맞추기 위해 사각형을 만들어서 여백을 맞춘 후 사각형은 지워 줍니다.

+PLUS 이 슬라이드를 따라 하고 계신 분들은 사각형을 사용하지 않고 여백을 맞춰보시기 바랍니다. 평소에 파워포인트를 작업할 때 눈대중으로 여백을 통일하는 습관을 들여놔야 파워포인트 디자인 실력이 올라갈 수 있습니다.

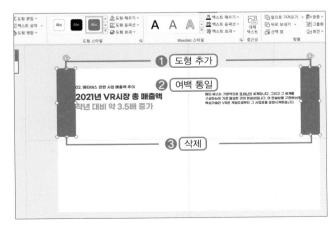

05 보고서 내용 텍스트를 선택한 후 [텍스트 옵션]에서 투명도를 '30%'로 설정합니다.

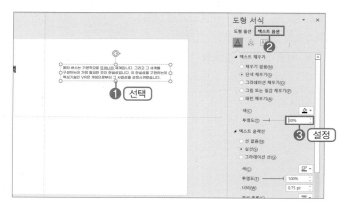

슬라이드 하단 요소 입력하기

슬라이드 아래에 회사명, 슬라이드 번호, 저작권 표시 등을 입력하기 위해 먼저 구분선을 그어주겠습니다.

01 [홈] - [그리기]에서 [선(□)]을 클릭한 후 Shift 를 누른 상태에서 드래그하여 구분선을 그립니다.

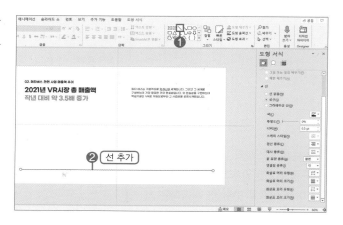

02 구분선을 선택한 후 [도형 서식]에서 '흰색, 배경 1, 15% 더 어둡게'로 색을 설정합니다.

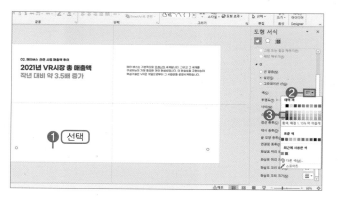

03 오른쪽 위에 있는 내용 텍스트를 왼쪽 아래로 복사한 후 회사명으로 수정합니다. [텍스트 옵션]에서 회사명 텍스트의 투명도를 '60%'로 설정합니다.

+PLUS 회사명과 페이지 번호는 중요한 내용이 아니므로 눈에 띄면 오히려 보는 사람의 시선을 분산시킬 수 있습니다. 따라서 최대한 있는 듯 없는 듯 디자인하는 것이 좋습니다.

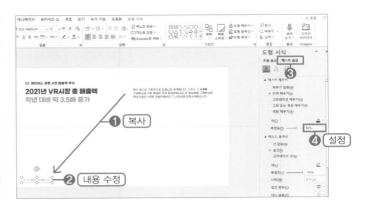

04 회사명 텍스트를 복사해서 오른쪽 아래에 위치시킨 후 페이지 번호로 수정합니다.

슬라이드 마스터 사용하기

이제 슬라이드 마스터를 사용해서 하단 구역을 고정해 보겠습니다.

01 하단 부분을 모두 선택한 후 Ctrl + C로 복사해 클립보드에 저장합니다.

+PLUS 슬라이드 마스터를 사용하면 다른 슬라이드를 추가할 때 슬라이드 마스터로 지정한 구역은 똑같이 복사되고 페이지 번호만 바뀌도록 설정할 수 있습니다.

02 [보기] – [마스터 보기] – [슬라이드 마스터]를 클릭합니다.

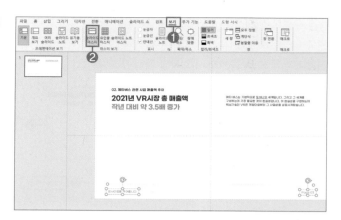

03 슬라이드 마스터로 들어가면 두 번째 슬라이드가 선택되어 있습니다. 첫 번째 슬라이드를 선택합니다. 슬라이드의 빈 공간을 클릭하고 Ctrl + A 로 첫 번째 슬라이드 안에 콘텐츠를 전체 선택한 후 Delete를 눌러 삭제합니다.

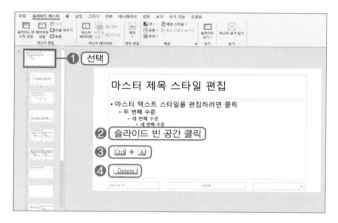

04 첫 번째 슬라이드 안에 있는 모든 콘텐츠를 지운 후 Ctrl + V를 눌러 01에서 복사한 하단 부분을 붙여넣기 합니다.

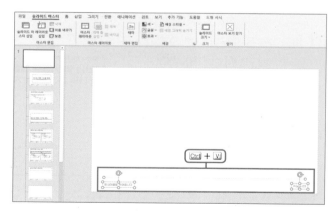

05 다음으로 페이지 번호가 슬라이드마다 바뀌게 설정합니다. [슬라이드 마스터]에서 [마스터 레이아웃]을 클릭한 후 '슬라이드 번호'를 선택하고 [확인]을 클릭합니다.

06 '〈#〉'이 있는 텍스트 상자가 생성되면 이 텍스트 상자를 바로 위에 복사합니다. 기존 텍스트 상자는 삭제합니다.

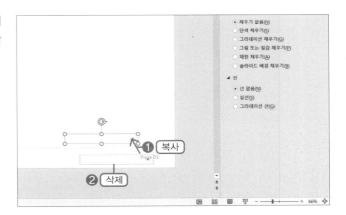

07 복사한 텍스트 상자의 서식을 바꾸기 위해 'Page 03' 텍스트를 클릭한 후 Ctrl + Shift + C 를 눌러 서식을 복사합니다.

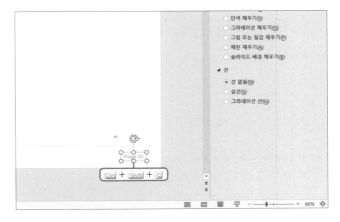

08 '〈#〉' 텍스트 상자를 선택하여 Ctrl + Shift + V 를 눌러 서식을 붙여넣기한 후 '〈#〉' 앞에 'Page'를 입력합니다. 'Page 03' 텍스트는 삭제합니다.

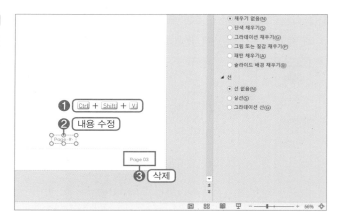

09 'Page'와 '〈#〉' 사이에 Space Bar 를 눌러 공백을 추가한 후 'Page 〈#〉' 텍스트를 오른쪽 아래에 배치합니다.

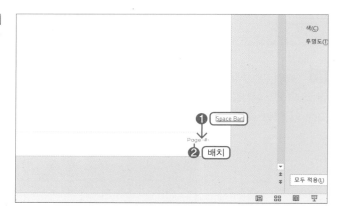

10 'Page 〈#〉' 텍스트와 회사명 텍스트를 같이 선택한 후 [홈] – [그리기] – [정렬] – [맞춤] – [중간 맞춤]을 클릭하여 일직선상에 배치합니다. 그리고 방향키로 구분 선과의 세로 여백을 조절합니다.

11 여백을 통일한 후 [슬라이드 마스터] – [닫기] – [마스터 보기 닫기]를 클릭합니다.

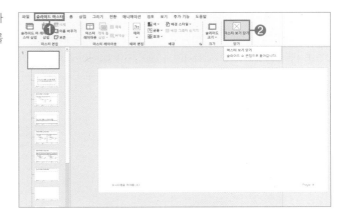

12 마스터 보기를 닫으면 하단 부분은 슬라이드마다 똑같이 복사되고 일반 화면에선 수정할 수 없게 고정된 것을 확인할 수 있습니다.

13 기존에 구도를 잡기 위해 만든 하단의 콘텐츠는 드래그하여 삭제합니다.

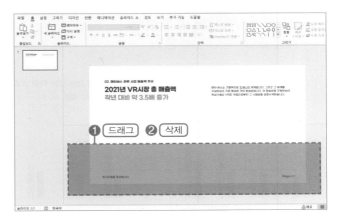

14 보고서에 어울리는 템플릿 디자인이 완성되었습니다. 현재 슬라이드를 복사하면 슬라이드가 늘어남에 따라 'Page 1'이 순서대로 'Page 2', 'Page 3', 'Page 4'로 바뀌는 것을 확인할 수 있습니다. 그리고 슬라이드 마스터를 사용했기 때문에 회사명과 페이지 번호는 아무리 드래그해도 선택할 수 없습니다.

02. 메타버스 관련 사업 매출액 추이

2021년 VR시장 총 매출액
작년 대비 약 3.5배 증가

메타 버스는 기본적으로 또하나의 세계입니다. 그리고 그 세계를 구성하는데 가장 필요한 것이 현실성입니다. 이 현실성을 구현하는데 핵심기술인 VR은 게임으로부터 그 사업성을 성장시켜왔습니다.

회사이름을 적어줍니다   Page 1

15 완성된 템플릿에 내용을 채운 예시입니다.

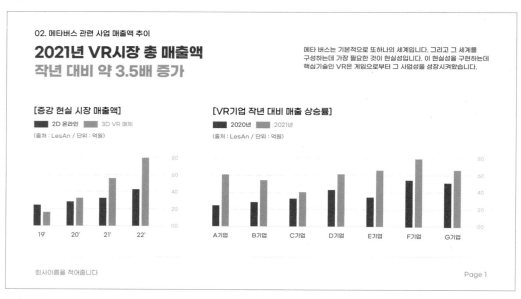

02 | 공모전에 적합한 템플릿 디자인

공모전 PPT의 경우 콘텐츠의 편차가 매우 심한 편입니다. 어떤 것 하나를 강조하기 위해 극단적으로 콘텐츠의 양을 줄이기도 하지만 다양한 결과를 보여주기 위해 많은 분석 자료를 넣기도 합니다. 이런 성격의 자료를 만들 때는 양옆의 여백 컨트롤이 쉬운 가운데 정렬 템플릿을 만드는 것이 좋습니다. 여백을 통일하면 콘텐츠의 양이 적거나 많아도 이질감을 줄일 수 있기 때문입니다.

📁 **완성파일** 공모전 템플릿.pptx

: 미리보기

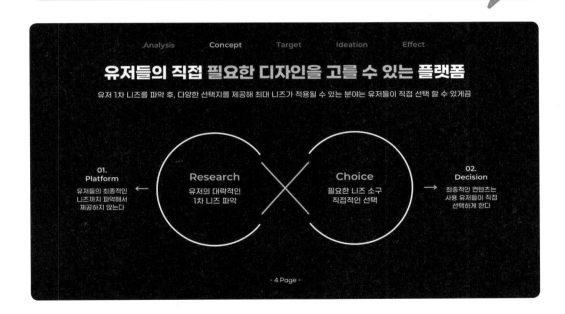

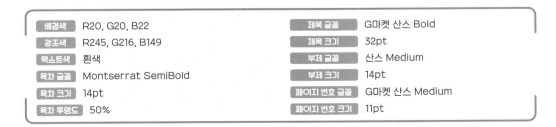

배경색 R20, G20, B22		**제목 글꼴** G마켓 산스 Bold	
강조색 R245, G216, B149		**제목 크기** 32pt	
텍스트색 흰색		**부제 글꼴** 산스 Medium	
목차 글꼴 Montserrat SemiBold		**부제 크기** 14pt	
목차 크기 14pt		**페이지 번호 글꼴** G마켓 산스 Medium	
목차 투명도 50%		**페이지 번호 크기** 11pt	

가운데 정렬 템플릿 만들기

가운데 정렬 템플릿을 만들기 위해 먼저 배경색을 변경하고 슬라이드의 목차를 입력하겠습니다.

01 배경색을 바꾸기 위해 [색] 대화 상자의 [사용자 지정] 탭에서 빨강 20, 녹색 20, 파랑 22를 입력한 후 [확인]을 클릭합니다.

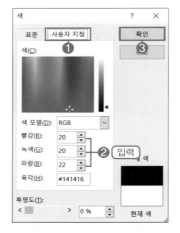

02 가운데 정렬이 핵심인 템플릿 이기 때문에 슬라이드 목차를 가운데 에 입력합니다. 글꼴은 'Montserrat SemiBold', 크기는 '14pt', 색은 '흰색'으로 설정합니다.

03 목차 텍스트의 가로 간격을 정렬 하기 위해 목차 텍스트 5개를 모두 선택한 후 [홈] – [그리기] – [정렬] – [맞춤] – [가로 간격을 동일하게]를 클릭합니다.

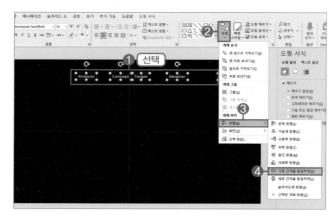

04 가로 간격을 정렬한 후 Ctrl + G를 눌러 그룹화합니다.

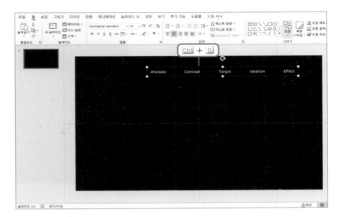

05 그룹화한 개체를 선택한 후 [홈] – [그리기] – [정렬] – [맞춤] – [가운데 맞춤]을 클릭하여 슬라이드의 정가운데 로 정렬합니다.

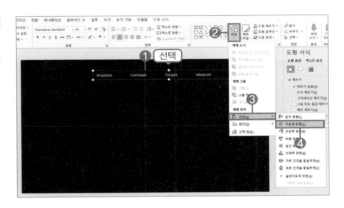

06 Ctrl + Shift + G를 눌러 그룹 화를 해제합니다.

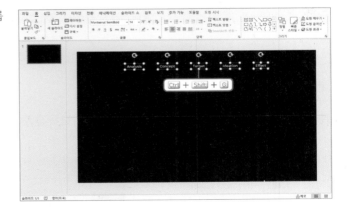

07 현재 슬라이드의 목차가 'Concept' 이라고 가정하고 'Concept' 텍스트를 제외한 다른 목차 텍스트를 선택한 후 [텍스트 옵션]에서 투명도를 '50%'로 설정합니다.

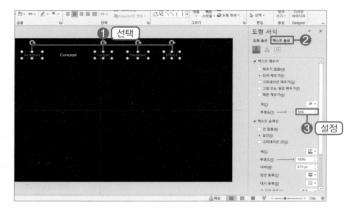

08 'Concept' 목차를 강조하기 위해 'Concept' 텍스트를 선택하고 [색] 대화상자의 [사용자 지정] 탭에서 빨강 245, 녹색 216, 파랑 149를 입력한 후 [확인]을 클릭합니다.

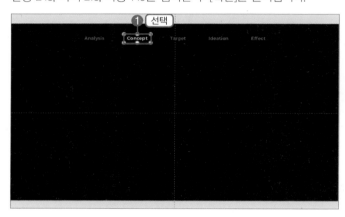
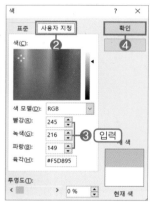

제목과 부제 입력하기

완성된 목차 아래 슬라이드의 제목과 부제를 입력하겠습니다.

01 제목 글꼴은 'G마켓 산스 Bold', 크기는 '32pt', 색은 '흰색'으로 설정합 니다.

02 자간을 설정하기 위해 제목 텍스트를 선택한 후 [홈] – [글꼴] – [문자 간격] – [기타 간격]을 클릭합니다.

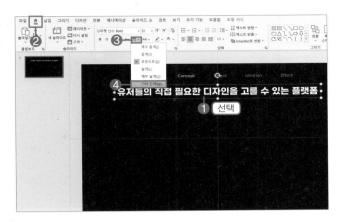

03 [글꼴] 대화상자의 [문자 간격] 탭에서 간격을 '좁게'로 설정하고 값을 '1'로 입력한 후 [확인]을 클릭합니다.

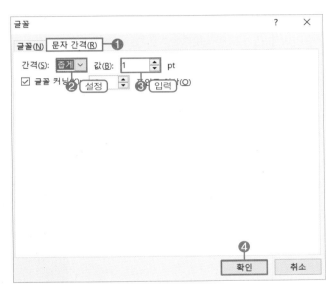

04 제목에서 강조하고 싶은 부분을 드래그한 후 'Concept' 텍스트와 같은 방법으로 색을 설정합니다.

05 제목 아래에 부제를 입력합니다. 글꼴은 'G마켓 산스 Medium', 크기는 '14pt', 색은 '흰색', 자간은 '보통'으로 설정합니다.

슬라이드 마스터로 페이지 번호 입력하기

다음은 슬라이드 마스터를 사용해서 페이지 번호를 입력하겠습니다.

01 슬라이드 아래에 페이지 번호를 입력합니다. 글꼴은 'G마켓 산스 Medium', 크기는 '11pt', 색은 '흰색'으로 설정합니다. 페이지 번호 텍스트를 Ctrl + C 를 눌러 복사한 후 [보기] – [마스터 보기] – [슬라이드 마스터]를 클릭합니다.

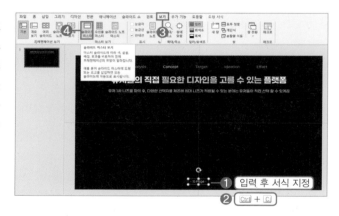

02 첫 번째 슬라이드를 선택하고 슬라이드의 빈 공간을 클릭합니다. Ctrl + A 를 눌러 슬라이드 안에 있는 콘텐츠를 전체 선택 후 Delete 를 눌러 삭제합니다.

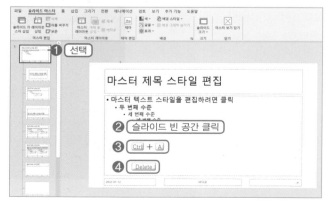

03 슬라이드 마스터 페이지의 배경 색을 빨강 20, 녹색 20, 파랑 22로 설정한 후 복사해 둔 텍스트를 Ctrl + V 를 눌러 붙여넣기 합니다.

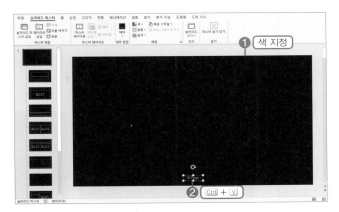

04 [슬라이드 마스터]에서 [마스터 레이아웃]을 클릭합니다. [마스터 레이아웃] 창에서 '슬라이드 번호'를 선택한 후 [확인]을 클릭합니다.

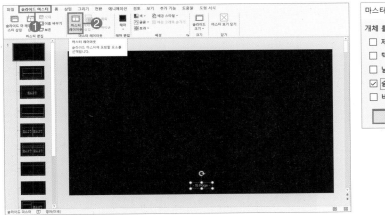
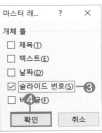

05 오른쪽 아래에 '⟨#⟩' 텍스트 상자를 복사한 후 기존에 있던 텍스트 상자를 삭제합니다.

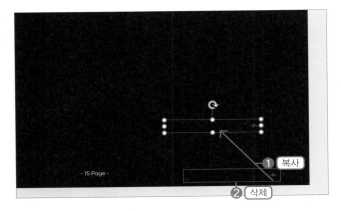

06 '–15 Page–'가 입력된 텍스트를 선택한 후 Ctrl + Shift + C를 눌러 서식을 복사합니다. '〈#〉' 텍스트 상자를 선택하여 Ctrl + Shift + V를 눌러 서식을 붙여넣기 합니다.

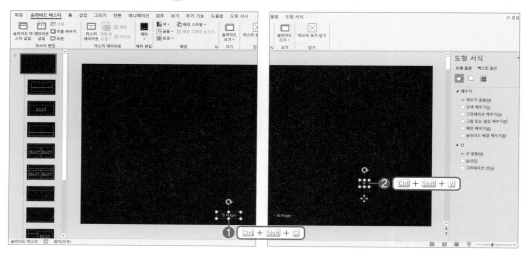

07 기존에 페이지를 '–15 Page–' 라고 입력하였기 때문에 형식을 맞춰 '–〈#〉 Page–'로 입력합니다.

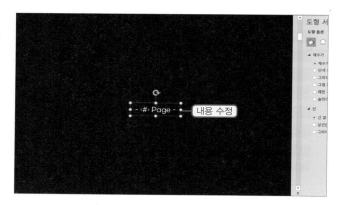

08 '–〈#〉 Page–' 텍스트를 가운데 아래 배치한 후 원래 있던 '–15 Page–' 텍스트는 삭제합니다.

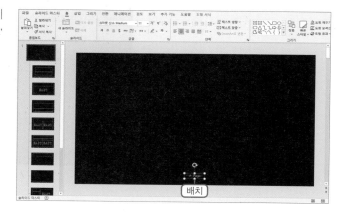

09 [슬라이드 마스터] – [닫기] – [마스터 보기 닫기]를 클릭합니다.

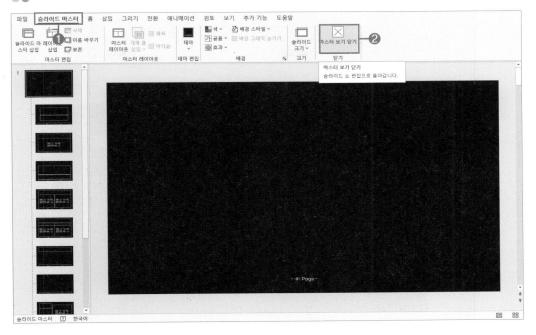

10 구도를 잡기 위해 만들어 둔 '–15 Page–' 텍스트는 삭제합니다.

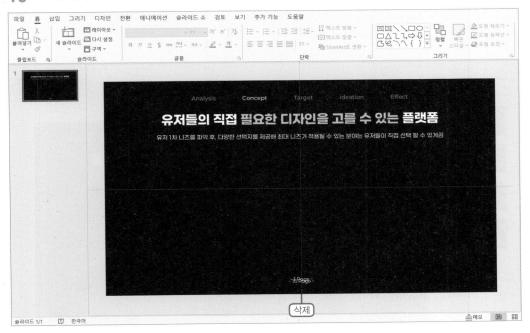

11 완성된 슬라이드를 복사하기 위해 슬라이드 목록에서 현재 슬라이드를 선택한 후 Ctrl + C, Ctrl + V를 눌러 3장 더 복사합니다.

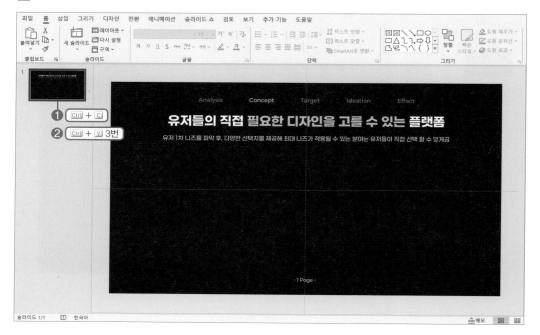

12 슬라이드가 총 4장이 되었고 현재 페이지가 '4 Page'로 표시되는 것을 보아 슬라이드 마스터가 잘 적용된 것을 확인할 수 있습니다.

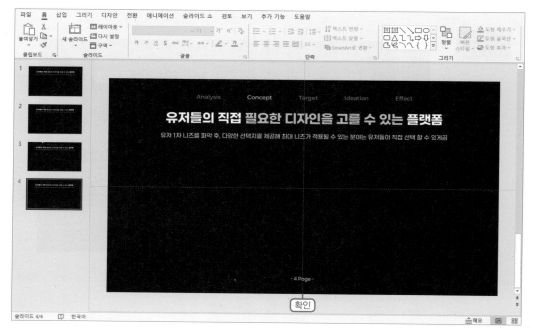

13 완성된 템플릿에 내용을 채운 예시입니다.

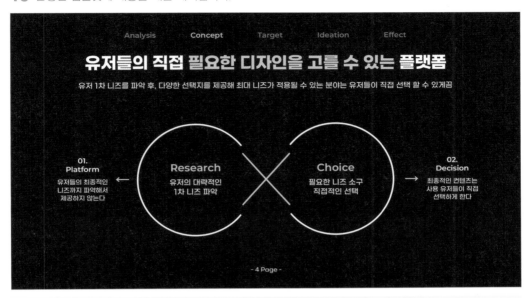

+ PLUS 콘텐츠의 양이 애매할 경우 좌우 여백만 맞춰도 크게 이질감이 느껴지지 않습니다. 공모전과 같이 각 콘텐츠 양의 편차가 클 때 사용하면 좋은 템플릿입니다.

06

앞에서는 단순히 상황에 따른 템플릿 디자인을 연습했다면 이번에는 주도적으로 파워포인트를 디자인하는 방법에 대해 알아보고, 도식화를 활용한 디자인, 사진이 많을 때 디자인, 대비를 강조한 디자인 등 다양한 파워포인트 디자인을 연습해 보겠습니다.

실전! 파워포인트 디자인

01 | 도식화를 활용한 디자인

파워포인트는 주로 발표나 강의를 할 때 청자의 이해를 돕기 위한 시각 자료로 사용되는데 PPT를 만들기 전에 전달할 내용을 글로 정리한 후 슬라이드에 어떻게 나타낼지 도식화하는 과정이 필요합니다. 본격적으로 파워포인트 디자인 방법에 대해 알아보기 전에 먼저 6단계의 도식화 과정에 대해 알아보겠습니다.

📁 **완성파일** 도식화를 활용한 디자인.pptx

: 미리보기 • • •

Before

우리가 흔히 머리를 감는데 저지르는 실수가 있다. 그리고 이 실수는
장기적으로 가면 갈수록 머리카락의 영양분을 없애고 모발의 굵기를 가늘게 해
결국엔 탈모로 이어지게 되니 매우 주의할 필요가 있다.
그래서 오늘은 머릿결을 위한 올바른 머리 감는 방법 4가지에 대해서 소개하려고 한다.
가장 먼저 물의 온도를 제대로 맞춰야 한다. 너무 뜨거운 물을 쓰게 되면 모공이 넓어지게
되니 머리카락이 쉽게 빠질 수 있다 그래서 너무 따뜻한 물보다는 체온보다 약간 높은
미온수를 쓰는게 가장 좋다. 그리고 다음에는 적당한 샴푸의 양이다. 샴푸의 양은 동전
크기의 양만 사용해서 충분히 감는것이 좋다.
세번째는 올바른 물기 제거인데, 머리카락에 남은 물기를 수건으로 꾹꾹 누르면서 제거하고
자연 바람에 말리는게 가장 좋은 방법이다. 마지막으로 머리를 제대로 말려야 하는 건데
이는 겨울철 탈모를 유발 할 수 있기 때문에 특히 신경을 써야 하는 부분이다.
만일 머리를 제대로 안말린채 모자를 쓰게되면 두피가 습해지면서 비듬과 탈모를
유발할 수 있기 때문에 특히 더 조심해야 한다.

After

파워포인트를 작업할 때 가장 중요한 요소 2가지는 '정렬'과 '도식화'입니다. '정렬을 맞춘다'는 표현은 '여백을 통일한다'는 의미를 포함하는데 여백을 통일하는 것은 가장 기본적이고 중요한 작업 과정입니다. '도식화'는 두서없이 나열된 글을 도형이나 그림을 활용해서 깔끔하고, 보기 좋게 이미지화하는 것을 의미합니다. 도식화를 효과적으로 할수록 직관성과 가독성이 높은 작업물을 만들 수 있습니다.

1 작업할 내용 글로 정리하기

슬라이드에 표현하고자 하는 내용을 줄글 형태로 나열합니다.

우리가 흔히 머리를 감는데 저지르는 실수가 있다. 그리고 이 실수는
장기적으로 가면 갈수록 머리카락의 영양분을 없애고 모발의 굵기를 가늘게 해
결국엔 탈모로 이어지게 되니 매우 주의할 필요가 있다.
그래서 오늘은 머릿결을 위한 올바른 머리 감는 방법 4가지에 대해서 소개하려고 한다.
가장 먼저 물의 온도를 제대로 맞춰야 한다. 너무 뜨거운 물을 쓰게 되면 모공이 넓어지게
되니 머리카락이 쉽게 빠질 수 있다 그래서 너무 따뜻한 물보다는 체온보다 약간 높은
미온수를 쓰는게 가장 좋다. 그리고 다음에는 적당한 샴푸의 양이다. 샴푸의 양은 동전
크기의 양만 사용해서 충분히 감는것이 좋다.
세번째는 올바른 물기 제거인데, 머리카락에 남은 물기를 수건으로 꾹꾹 누르면서 제거하고
자연 바람에 말리는게 가장 좋은 방법이다. 마지막으로 머리를 제대로 말려야 하는 건데
이는 겨울철 탈모를 유발 할 수 있기 때문에 특히 신경을 써야 하는 부분이다.
만일 머리를 제대로 안말린채 모자를 쓰게되면 두피가 습해지면서 비듬과 탈모를
유발할 수 있기 때문에 특히 더 조심해야 한다.

2 중요한 내용 정리하기

불필요한 내용을 제거하고 슬라이드에 들어갈 내용만 따로 정리합니다. 슬라이드에 들어가지 않아도 될 내용을 제거하는 단계입니다.

머릿결을 위한 올바른 머리 감는 방법 4가지에 대해서 소개

가장 먼저 물의 온도를 제대로 맞춰야 한다.
너무 따뜻한 물보다는 체온보다 약간 높은 미온수를 쓰는게 가장 좋다.

적당한 샴푸의 양이다.
샴푸의 양은 동전 크기의 양만 사용해서 충분히 감는것이 좋다.

세번째는 올바른 물기 제거
머리카락에 남은 물기를 수건으로 꾹꾹 누르면서 제거하고 자연 바람에 말리는게 가장 좋은 방법이다.

마지막 머리를 제대로 말려야 하는 건데
만일 머리를 제대로 안말린채 모자를 쓰게되면 두피가 습해지면서 비듬과 탈모를
유발할 수 있기 때문에 특히 더 조심해야 한다.

3 키워드 선정하기

중요한 내용을 정리한 다음 보는 사람이 한눈에 그 의미를 파악할 수 있도록 키워드를 선정하면 도식화 과정이 한층 더 수월해집니다. 예시에서는 올바르게 머리 감는 방법 4가지에 대해 소개하고 있으니 '물의 온도', '샴푸의 양', '물기 제거', '머리 말림' 이렇게 4가지 키워드를 선정할 수 있습니다.

머릿결을 위한 올바른 머리 감는 방법 4가지에 대해서 소개

물의 온도
너무 따뜻한 물보다는 체온보다 약간 높은 미온수를 쓰는게 가장 좋다.

샴푸의 양
샴푸의 양은 동전 크기의 양만 사용해서 충분히 감는것이 좋다.

물기 제거
머리카락에 남은 물기를 수건으로 꾹꾹 누르면서 제거하고 자연 바람에 말리는게 가장 좋은 방법이다.

머리 말림
만일 머리를 제대로 안말린채 모자를 쓰게되면 두피가 습해지면서 비듬과 탈모를
유발할 수 있기 때문에 특히 더 조심해야 한다.

---

4 내용 다듬기

키워드를 선정하였는데도 불구하고 여전히 설명이 길다면 설명을 최대한 간결하게 정리합니다. 내용을 다듬어 콘텐츠의 양을 최대한 비슷하게 맞춥니다.

머릿결을 위한 올바른 머리 감는 방법 4가지에 대해서 소개

물의 온도
너무 따뜻한 물보다는 체온보다 약간 높은 미온수를 쓰는게 가장 좋다.

샴푸의 양
샴푸의 양은 동전 크기의 양만 사용해서 충분히 감는것이 좋다.

물기 제거
남은 물기를 수건으로 누르며 제거하고 자연 바람에 말려주는게 좋다.

머리 말림
머리를 잘 안말린채 모자를 쓰면 두피가 습해지며 비듬, 탈모를 유발 할 수도 있다.

---

5 **도식화**

도식화는 키워드와 내용을 어떤 도형에 넣어서 어떻게 나열해야 PPT를 보는 사람이 편하게 볼 수 있을지 고민하는 단계입니다. 많은 레퍼런스를 보고 작업할 때 적용하면 파워포인트 실력을 업그레이드할 수 있습니다. 예시를 도식화하였을 때는 원을 사용해서 키워드를 나열하고 아래에 설명을 쓰는 방법과 한쪽에 사진을 넣고 그 옆에 4개의 키워드를 나열하는 등 다양한 방법이 있습니다.

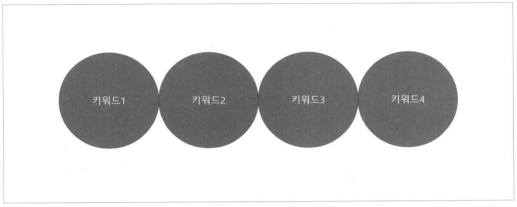

▲ 원을 활용한 도식화 방법

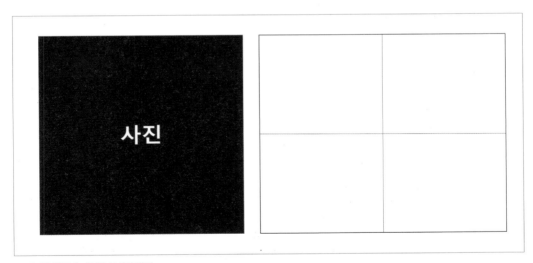

▲ 사진을 한쪽에 배치한 도식화 방법

6 **마무리**

최종적으로 레이아웃에 맞춰 텍스트를 입력하고 러프하게 디자인을 완성합니다. 그 다음 여백이 통일되어 있는지, 정렬이 흐트러진 곳은 없는지 확인하며 마무리합니다.

위 도식화 과정에서 한쪽에 사진을 넣고 그 옆에 4개의 키워드를 나열하는 레이아웃으로 디자인하는 방법에 대해 알아보겠습니다.

01 배경색을 바꾸기 위해 [색] 대화상자의 [사용자 지정] 탭에서 빨강 20, 녹색 20, 파랑 22로 설정합니다.

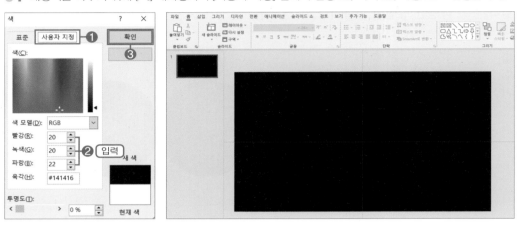

02 키워드에 어울릴 만한 사진을 가져와 보겠습니다. Unsplash(www.unsplash.com)에 접속하고 'hair'를 검색합니다.

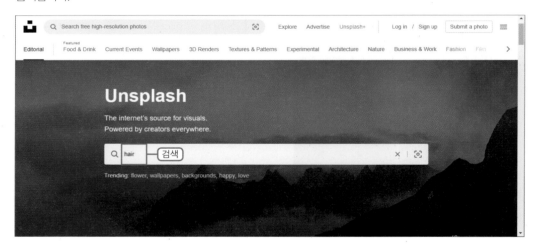

03 원하는 사진을 고른 후 [Download free]를 클릭하여 다운받습니다.

04 다운받은 사진을 파워포인트로 드래그하여 가져온 후 슬라이드의 절반을 사진으로 채우기 위해 슬라이드 절반 크기의 사각형을 만듭니다. 사각형의 윤곽선은 '윤곽선 없음'으로 설정합니다.

+PLUS 사각형을 마우스 오른쪽 버튼으로 클릭한 후 [윤곽선] – [윤곽선 없음]을 선택합니다.

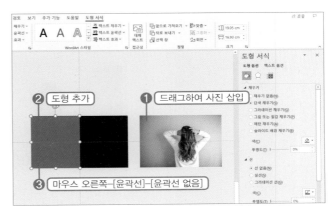

05 사진과 사각형을 겹치고 사진을 선택한 상태에서 [홈] – [그리기] – [정렬] – [맨 앞으로 가져오기]를 클릭하여 사진을 맨 앞으로 가져옵니다.

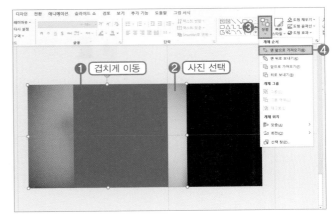

06 사진을 마우스 오른쪽 버튼으로 클릭한 후 [그림 서식]을 선택합니다. [그림] – [그림 투명도]에서 사진의 투명도를 '30%'로 설정한 후 방향키로 사진 속 여자가 파란색 사각형의 정가운데 오도록 조정합니다.

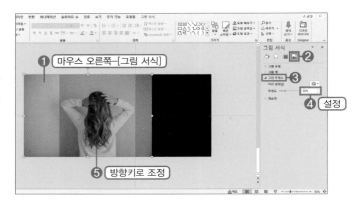

07 구도를 잡은 후 [그림] – [그림 투명도]에서 사진의 투명도를 '0%'로 설정합니다. 그리고 사각형과 사진을 드래그로 같이 선택합니다.

08 드래그한 상태에서 [도형 서식] – [도형 삽입] – [도형 병합] – [교차]를 선택하면 사진이 도형 모양에 맞게 삽입됩니다.

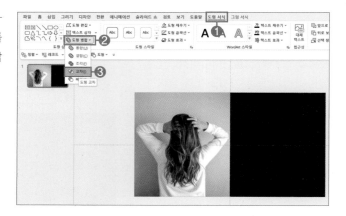

09 사진에서 색을 추출하여 강조색으로 사용하기 위해 사각형을 만들고 [도형 서식] – [페인트 아이콘(🎨 ▼)] – [스포이트]를 선택합니다.

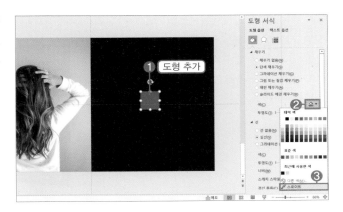

10 사진에서 마음에 드는 부분을 선택하여 색을 추출합니다. 그런 다음 사각형은 슬라이드 밖에 배치합니다.

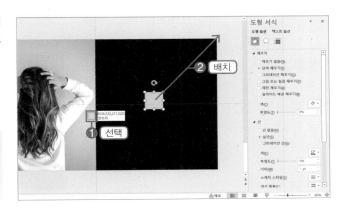

➕ PLUS 강조색을 사진에서 추출하면 이질감이 줄어들고 전체적인 디자인에 통일감을 줄 수 있어 색을 활용할 때 매우 좋은 방법입니다.

칸 만들어 내용 정렬하기

여백이 통일되게 목차와 제목을 입력한 후 텍스트가 들어갈 칸을 만들어 내용을 정렬하겠습니다.

01 목차는 미리 추출해 둔 강조색으로 색을 지정한 후 글꼴은 'G마켓 산스 Medium', 크기는 '16pt'로 설정하였습니다. 제목 글꼴은 'G마켓 산스 Bold', 크기는 '28pt', 색은 '흰색', 행간은 '1.1'로 설정하였습니다.

02 제목 아래 사각형을 만듭니다.
[도형 서식]에서 '채우기 없음'을 선택
한 후 선의 색은 강조색으로 지정하고
선의 너비는 '2.25pt'로 설정합니다.

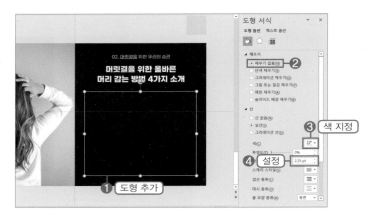

03 사각형을 4등분하기 위해 사각형
가운데 세로선을 하나 그어 줍니다. 사
각형을 클릭하고 Ctrl + Shift + C
를 눌러 서식을 복사합니다. 그런 다음
선을 클릭하고 Ctrl + Shift + V를
눌러 서식을 붙여넣기 합니다.

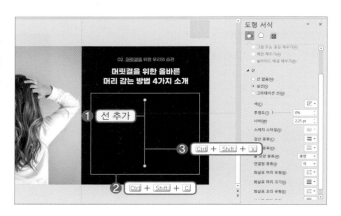

04 세로선을 사각형 정가운데로 배
치하기 위해 사각형과 세로선을 같이
선택한 후 [홈] – [그리기] – [정렬] –
[맞춤] – [가운데 맞춤]을 클릭합니다.

05 가로선을 만들기 위해 세로선을 하나 복사한 후 복사한 세로선을 선택합니다. 그리고 [홈] – [그리기] – [정렬] – [회전] – [왼쪽으로 90도 회전]을 클릭하여 복사한 세로선을 90도로 회전시킵니다.

+PLUS [정렬]을 클릭한 후 ⓞ, ⓛ을 순서대로 눌러도 같은 명령을 실행할 수 있습니다.

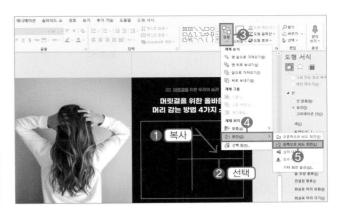

06 가로선을 사각형 정가운데로 배치하기 위해 사각형과 가로선을 같이 선택한 후 [홈] – [그리기] – [정렬] – [맞춤] – [가운데 맞춤]을 클릭합니다.

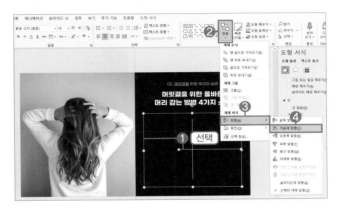

07 가로선을 조금 더 길게 만들기 위해 Shift 를 누르고 드래그하여 가로선의 길이를 조절합니다. 그리고 다시 정렬을 맞추기 위해 사각형과 가로선을 같이 선택한 후 [홈] – [그리기] – [정렬] – [맞춤] – [가운데 맞춤]을 클릭합니다.

+PLUS Shift 를 누르고 길이를 조절하면 수평이 맞춰진 상태에서 쉽게 길이를 조절할 수 있습니다.

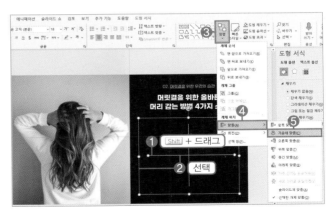

08 가로선을 사각형 중간에 배치하기 위해 다시 사각형과 가로선을 선택한 후 [홈] – [그리기] – [정렬] – [맞춤] – [중간 맞춤]을 클릭합니다.

+PLUS [정렬]을 클릭한 후 Ⓐ, Ⓜ을 순서대로 눌러도 같은 명령을 실행할 수 있습니다. 위의 과정이 복잡해 보이지만 단축키가 손에 익으면 각 과정을 빠른 속도로 작업할 수 있습니다.

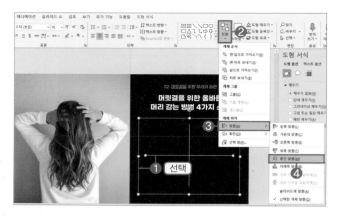

09 도형을 완성한 후 각 칸에 내용을 입력합니다. 키워드 글꼴은 'G마켓 산스 Bold, 18pt', 설명 글꼴은 'G마켓 산스 Medium, 12pt'로, 색은 모두 '흰색'으로 설정합니다.

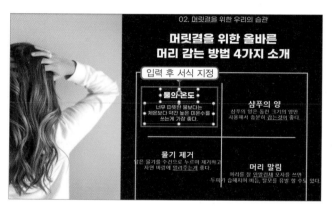

10 첫 번째 칸을 완성하였다면 두 번째 칸의 내용은 키워드와 설명 텍스트를 따로 입력한 후 첫 번째 칸의 텍스트 서식을 Ctrl + Shift + C, Ctrl + Shift + V를 눌러 복사 붙여넣기 합니다.

11 첫 번째 칸과 두 번째 칸의 텍스트 서식을 맞춘 후 정렬합니다. '물의 온도'와 '샴푸의 양' 텍스트를 같이 선택한 후 [홈] – [그리기] – [정렬] – [맞춤] – [아래쪽 맞춤]을 클릭합니다.

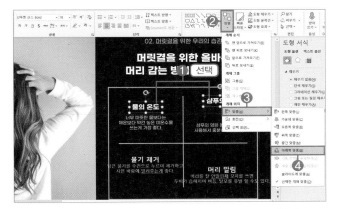

+PLUS 개체가 2개이고 더 아래에 있는 것이 '물의 온도' 텍스트이기 때문에 기준은 '물의 온도' 텍스트입니다. '샴푸의 양' 텍스트가 '물의 온도' 텍스트 기준에 맞춰 정렬됩니다.

12 키워드 텍스트의 정렬을 맞추고 두 번째 칸의 설명글을 세 줄로 바꾼 후 설명 텍스트를 Shift 를 누른 상태로 마우스로 이동하여 키워드 텍스트의 중간으로 맞춥니다.

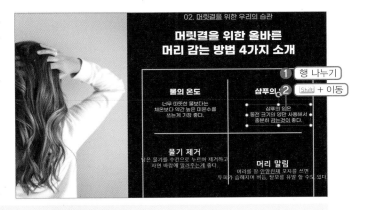

+PLUS 슬라이드 배경을 마우스 오른쪽 버튼으로 클릭하고 [눈금 및 안내선] – [스마트 가이드]에 체크한 후 Shift 를 누른 상태로 마우스로 이동하면 자석처럼 붙는 지점이 있습니다. 그 지점까지 이동합니다.

13 이제 두 번째 칸의 설명 텍스트를 첫 번째 칸의 설명 텍스트와 정렬하기 위해 두 텍스트를 같이 선택한 후 [홈] – [그리기] – [정렬] – [맞춤] – [위쪽 맞춤]을 클릭합니다.

+PLUS [정렬]을 클릭한 후 A, T를 순서대로 눌러도 같은 명령을 실행할 수 있습니다.

14 세 번째, 네 번째 칸의 텍스트도 위와 같은 방법으로 서식을 통일시킨 후 정렬합니다.

도형을 활용해 직관성 높이기

4가지 방법이라는 것을 강조하기 위해 도형을 사용하겠습니다.

01 먼저 사각형의 정가운데 육각형을 만들기 위해 [삽입] – [도형] – [기본 도형]에서 '육각형'을 선택합니다.

02 '육각형'을 선택하고 슬라이드에 마우스를 클릭하면 육각형이 생성됩니다. 육각형의 크기를 조절한 후 사각형의 정가운데 배치합니다.

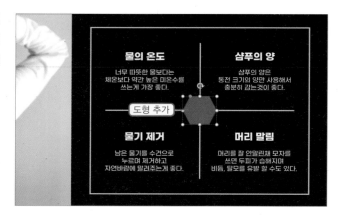

03 육각형의 윤곽선을 없앤 후 강조 색으로 채우기 색을 설정합니다. 육각형 안에 '4가지 방법'을 입력합니다. 글꼴은 'G마켓 산스 Bold', 크기는 '14pt', 색은 '검은색'으로 설정하였습니다.

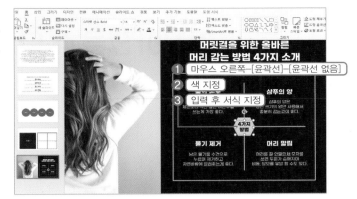

04 마지막으로 키워드 텍스트와 같은 서식으로 키워드 텍스트 위에 번호를 매겨서 4가지 방법이라는 것에 대한 직관성을 높여 줍니다. 도식화를 활용한 템플릿 디자인이 완성되었습니다.

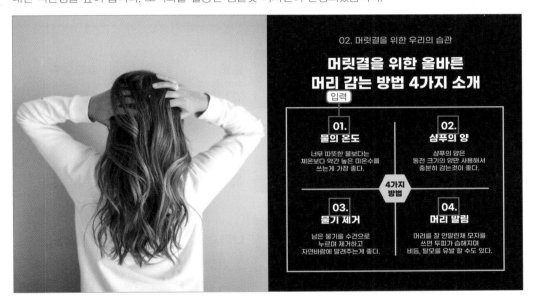

02 | 사진이 많을 때 디자인

한 슬라이드에 여러 장의 사진이 들어갈 때 사진의 크기와 여백을 어떻게 설정할지 몰라 사진을 슬라이드에 욱여넣는 경우가 많이 있습니다. 이렇게 되면 사진의 크기와 여백을 통일하기 어렵고 구도를 잡기도 힘들어집니다. 그래서 사진이 많을 땐 도형을 사용해야 합니다. 사각형으로 레이아웃을 잡아준 다음 작업을 진행하면 훨씬 깔끔하게 PPT를 디자인할 수 있습니다.

📁 **완성파일** 사진이 많을 때 디자인.pptx

: 미리보기

02. 각 나라의 관광지 추천

2021년 일본 관광지 TOP6

2021년 관광객이 가장 많이 찾아간 일본 관광지를 20개로 추리고 이 과정에서 다양한 각도로 만족도 관련 설문조사를 진행하여 결과를 도출해냈습니다.

1위
도쿄
메이지 시대 이후 사실상 일본의 수도이자 최대도시

2위
후쿠오카
돈코츠 라멘의 본고장, 시내에서 공항이 가장 가까운 관광 도시

3위
오사카
일본 제2의 도시이며 경제, 문화 등 중요한 역할을 담당

4위
규슈
시코쿠,홋카이도와 함께 일본 열도를 대표하는 섬의 하나

5위
나가사키
발전된 항구 도시, 에도 시대에 유일한 해외 무역 항구 도시

6위
홋카이도
도도부현중 유일한 도, 도도부현 매력도 11년 연속 1위를 차지

Page 02

강조색	진한 빨강	**'1위' 색**	검정, 텍스트 1, 50% 더 밝게
목차/제목/설명 글꼴	G마켓 산스 Medium/G마켓 산스 Bold/G마켓 산스 Light	**'도쿄' 설명 글꼴**	G마켓 산스 Medium
		'도쿄' 설명 크기	12pt
목차/제목/설명 크기	14pt/36pt/12pt	**페이지 번호 글꼴**	G마켓 산스 Medium
'1위'/'도쿄' 글꼴	G마켓 산스 Bold	**페이지 번호 크기**	10.5pt
'1위'/'도쿄' 크기	14pt/24pt		

목차와 제목 그리고 설명 텍스트를 입력하여 텍스트 레이아웃을 먼저 잡아주겠습니다.

01 목차와 제목을 입력합니다. 목차의 글꼴은 'G마켓 산스 Medium, 14pt', 제목의 글꼴은 'G마켓 산스 Bold, 36pt'로 설정하였습니다.

02 '일본'을 강조하기 위해 해당 부분만 드래그한 후 [도형 서식] – [텍스트 옵션]에서 [페인트 아이콘( )]을 클릭하고 '진한 빨강'으로 설정합니다.

03 슬라이드 설명을 제목 아래 입력합니다. 글꼴은 'G마켓 산스 Light', 크기는 '12pt'로 설정합니다.

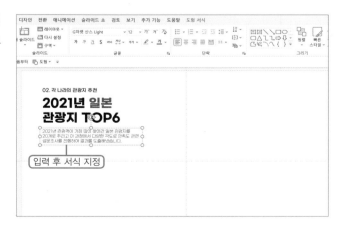

04 설명 텍스트의 자간을 설정하기 위해 [글꼴] 대화상자의 [문자 간격] 탭에서 간격을 '넓게'로 설정한 후 값을 '0.1'로 입력하고 [확인]을 클릭합니다. 그런 다음 행간을 설정하기 위해 [단락] 대화상자의 [들여쓰기 및 간격] 탭에서 줄 간격을 '배수'로 설정하고 값을 '1.14'로 입력한 후 [확인]을 클릭합니다.

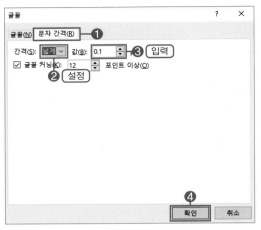

> **+PLUS** 자간은 [홈] − [글꼴] − [문자 간격] − [기타 간격], 행간은 [홈] − [단락] − [줄 간격] − [줄 간격 옵션]에서 설정할 수 있습니다.

도형으로 사진 레이아웃 잡기

여러 장의 사진을 넣을 것이기 때문에 먼저 사각형으로 사진이 들어갈 레이아웃을 잡고 사각형 오른쪽에 사진에 대한 설명을 입력하겠습니다.

01 먼저 사각형을 그려 사진의 레이아웃을 잡습니다. 그리고 텍스트를 입력합니다. '1위'와 '도쿄'의 글꼴은 'G마켓 산스 Bold', 크기는 각각 '14pt', '24pt'로 설정합니다. '도쿄' 아래 설명 텍스트의 글꼴은 'G마켓 산스 Medium', 크기는 '12pt'로 설정합니다. 디자인 요소로 '1위' 텍스트의 색을 '검정, 텍스트 1, 50% 더 밝게'로 설정합니다.

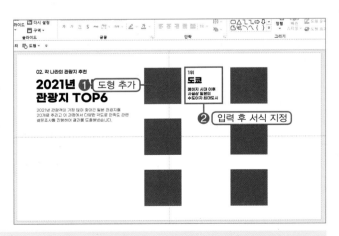

> **+PLUS** '11pt'부터는 대부분 텍스트가 너무 작다는 느낌을 받기 때문에 텍스트 크기는 '12pt' 아래로 내려가지 않습니다.

02 텍스트 3개를 모두 선택한 후 Ctrl + G를 눌러 그룹화합니다.

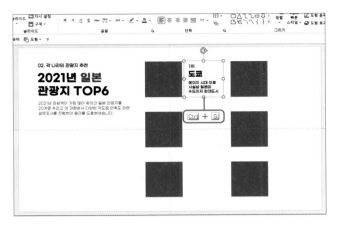

03 그룹화한 텍스트를 각 사각형 오른쪽에 복사합니다. 복사 할 때 눈대중으로 여백을 정렬합니다.

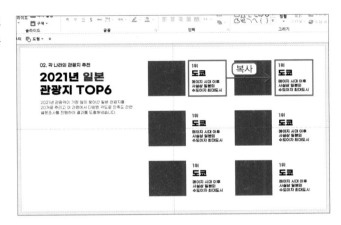

04 사각형과 사각형 오른쪽에 텍스트를 모두 드래그한 후 Ctrl + Shift + G를 눌러 그룹 해제합니다.

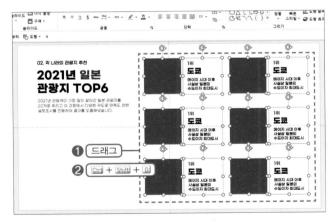

05 그룹 해제 후 붙여넣기 한 텍스트의 내용을 수정합니다.

06 슬라이드 왼쪽 아래에 페이지 번호를 입력합니다. 글꼴은 'G마켓 산스 Medium', 크기는 '10.5pt'로 설정합니다.

> **+PLUS** 원래는 슬라이드 마스터로 페이지 번호를 설정해야 하지만 지금은 한 페이지의 예시이기 때문에 생략하겠습니다. 페이지 번호, 저작권 표시 등과 같이 중요도가 떨어지는 내용은 텍스트 크기가 '12pt' 아래로 내려가도 됩니다.

도형에 맞춰 사진 자르기

Unsplash에서 사진을 가져온 후 도형 병합 기능으로 사각형 크기에 맞춰 사진을 자르겠습니다.

01 Unsplash(www.unsplash.com)에 접속한 후 'japan'을 검색합니다. 정사각형의 사진을 검색하기 위해 오른쪽 위 메뉴바에 [Any orientation] – [Square]를 클릭합니다.

02 정사각형 모양으로 필터링 된 사진 중 원하는 사진에 마우스 오른쪽 버튼을 클릭한 후 [이미지 복사]를 선택합니다.

03 Ctrl + V를 눌러 파워포인트에 복사한 사진을 붙여넣기 한 후 만들어 둔 사각형과 비슷하게 크기를 조절합니다. 이어서 사진과 사각형을 드래그하여 동시에 선택합니다.

⚠ 주의 사진과 사진 뒤에 있는 사각형만 드래그합니다.

04 드래그한 상태에서 [도형 서식] – [도형 삽입] – [도형 병합] – [교차]를 클릭하면 사각형의 크기에 맞게 사진이 잘립니다.

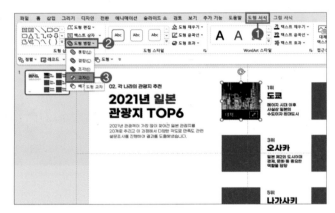

05 나머지 사진도 사각형의 크기에 맞춰 넣어 줍니다.

사진 채도 낮추기

사진의 색깔이 다양해서 어지러운 느낌을 준다면 사진의 채도를 낮춰 통일성을 주는 방법이 있습니다.

01 사진 하나를 선택한 후 [그림 서식] – [조정] – [색]을 클릭합니다. 채도를 '66%'로 설정합니다.

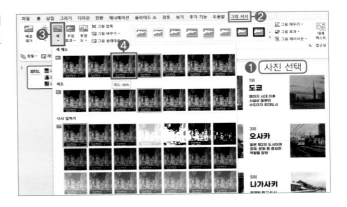

02 다른 사진도 동일한 방법으로 채도를 낮춥니다. 채도를 조절하면 사진이 많아도 통일성 있는 깔끔한 느낌의 디자인을 완성할 수 있습니다.

02. 각 나라의 관광지 추천

2021년 일본 관광지 TOP6

2021년 관광객이 가장 많이 찾아간 일본 관광지를 20개로 추리고 이 과정에서 다양한 각도로 만족도 관련 설문조사를 진행하여 결과를 도출해냈습니다.

1위
도쿄
메이지 시대 이후 사실상 일본의 수도이자 최대도시

2위
후쿠오카
돈코츠 라멘의 본고장, 시내에서 공항이 가장 가까운 관광 도시

3위
오사카
일본 제2의 도시이며 경제, 문화 등 중요한 역할을 담당

4위
규슈
시코쿠, 홋카이도와 함께 일본 열도를 대표하는 섬의 하나

5위
나가사키
발전된 항구 도시, 에도 시대에 유일한 해외 무역 항구 도시

6위
홋카이도
도도부현중 유일한 도, 도도부현 매력도 11년 연속 1위를 차지

Page 02

03 | 대비를 강조한 디자인

2가지 대비되는 상황을 강조해야 하는 경우가 있습니다. 특히 어떤 내용을 비교를 통해 전달해야 한다면 대비를 잘 활용하는 것이 매우 중요합니다. 이번 장에서는 대비되는 내용을 사진을 활용해서 디자인하는 방법에 대해 알아보겠습니다

📁 완성파일 대비를 강조한 디자인.pptx

: 미리보기 ● ● ●

강조색	주황, 연한 파랑
텍스트색	흰색
제목 글꼴	G마켓 산스 Bold
제목 크기	32pt
설명 글꼴	G마켓 산스 Medium
설명 크기	16pt

디자인 구도 잡기

'이커머스 서비스'와 '물류 서비스'를 비교해서 설명하는 주제로 대비를 강조한 디자인 방법에 대해 알아보겠습니다.

01 먼저 '이커머스 서비스'와 '물류 서비스'를 비교해서 설명하는 슬라이드의 디자인 구도를 잡습니다.

디자인 구도 잡기

이커머스 서비스

사용자가 신선식품을 포함한 각종 상품을 앱과
웹을 통해서 쇼핑할 수 있는 온라인 서비스 운영

물류 서비스

고객이 주문한 상품을 물류센터 내에서 차량으로
고객 집 앞 까지 배송해주는 물류 서비스 운영

02 그리고 슬라이드 절반 크기의 사각형을 그린 후 [홈] – [그리기] – [정렬] – [맨 뒤로 보내기]를 클릭하여 사각형을 맨 뒤로 배치합니다.

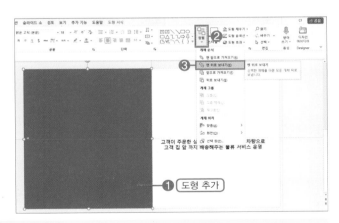

+PLUS [보기] – [표시]에서 '안내선'에 체크하면 슬라이드 절반 크기의 사각형을 쉽게 그릴 수 있습니다.

03 사각형의 윤곽선을 없애고 [도형 서식]에서 [페인트 아이콘(🎨▾)]을 클릭하여 '회색 – 25%, 배경 2'로 설정합니다.

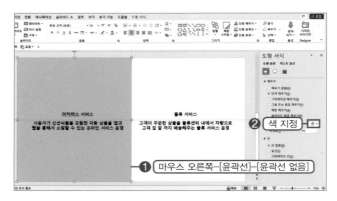

04 왼쪽 사각형을 오른쪽으로 복사하기 위해 Ctrl을 누른 상태에서 사각형을 누르고 오른쪽으로 드래그합니다. 복사한 사각형을 선택한 후 [홈] – [그리기] – [정렬] – [맨 뒤로 보내기]를 클릭합니다.

➕PLUS [정렬]을 클릭한 후 K를 눌러도 같은 명령을 실행할 수 있습니다.

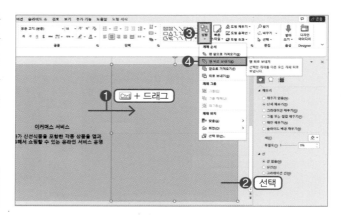

05 오른쪽 사각형을 선택한 후 [도형 서식] – [채우기] – [페인트 아이콘(🎨▾)]을 클릭하여 '회색–25%, 배경 2, 10% 더 어둡게'로 설정합니다.

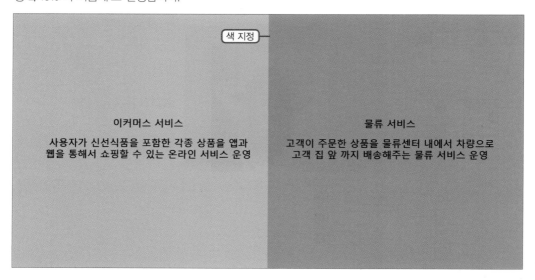

사진으로 대비 강조하기

Unsplash에서 먼저 '이커머스 서비스'에 어울리는 사진을 가져오겠습니다.

01 Unsplash(www.unsplash.com)에 접속한 후 'ecommerce'를 검색합니다. 세로로 긴 직사각형의 사진을 검색하기 위해 오른쪽 위 메뉴바에 [Any orientation] – [Portrait]를 클릭합니다.

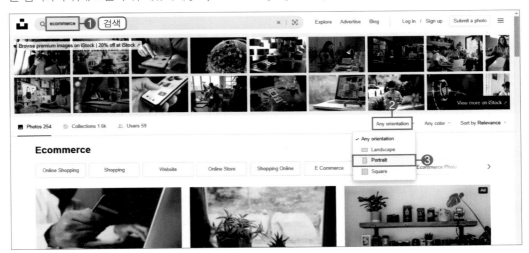

02 원하는 사진을 고른 후 [Download free] 옆에 화살표를 클릭하고 'Large'를 선택하여 다운받습니다.

03 다운받은 사진을 파워포인트로 드래그하여 가져온 후 왼쪽 사각형을 가득 채울 정도로 크기를 확대합니다. 왼쪽 사각형과 사진을 드래그해서 같이 선택합니다.

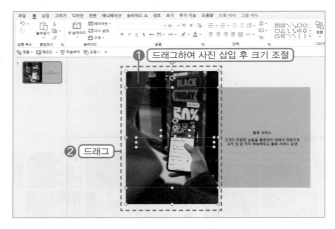

04 텍스트가 함께 선택되었기 때문에 Shift를 누른 상태에서 텍스트가 있는 영역만 드래그하여 선택 해제합니다. 텍스트를 제외한 사각형과 사진만 선택됩니다.

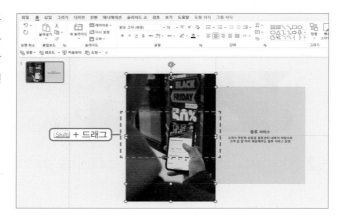

05 사각형과 사진이 선택된 상태에서 [도형 서식] – [도형 삽입] – [도형 병합] – [교차]를 클릭합니다.

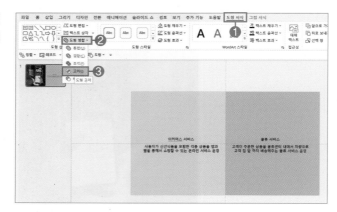

06 사각형 크기에 맞게 잘린 사진의 채도를 낮추기 위해 사진을 선택한 후 [그림 서식] – [조정] – [색]을 클릭하고 채도를 '33%'로 설정합니다.

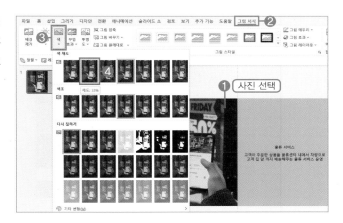

07 채도를 낮춘 사진 위에 사진 크기에 맞춰 사각형을 하나 더 그립니다. [도형 서식]에서 사각형의 윤곽선을 없애고 [페인트 아이콘(🖌 ▾)]을 클릭하여 '검정, 텍스트 1'로 설정합니다.

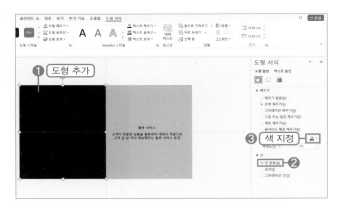

08 텍스트가 잘 보일 수 있도록 사각형을 선택한 후 [도형 서식]에서 검은색 사각형의 투명도를 '70%'로 설정합니다.

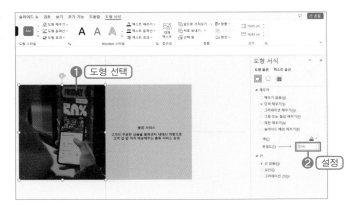

09 텍스트를 맨 앞으로 가져오기 위해 텍스트 주변 영역만 드래그하여 2개의 텍스트를 선택한 후 [홈] – [그리기] – [정렬] – [맨 앞으로 가져오기]를 클릭합니다.

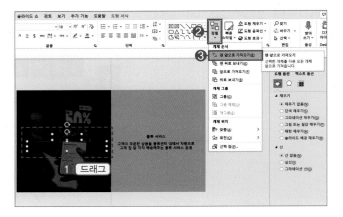

10 텍스트가 잘 보이도록 [도형 서식] – [텍스트 옵션]에서 텍스트의 색을 '흰색'으로 설정합니다. 제목 글꼴은 'G마켓 산스 Bold, 36pt', 설명 글꼴은 'G마켓 산스 Medium, 18pt'로 설정합니다.

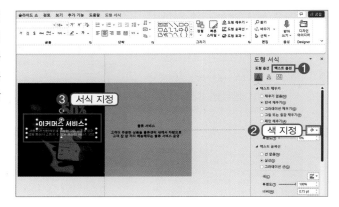

11 오른쪽 '물류 서비스' 영역도 01~08 과정과 동일하게 사진을 작업합니다.

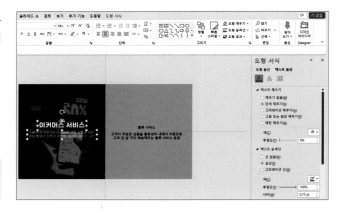

> **주의** 오른쪽 사진 위에 검은색 사각형의 투명도는 '90%'입니다.

190

12 2개의 텍스트를 드래그하여 선택한 후 [홈] – [그리기] – [정렬] – [맨 앞으로 가져오기]를 클릭합니다.

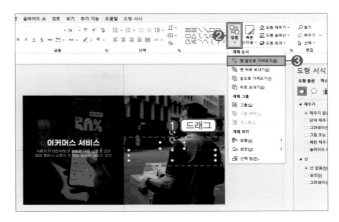

13 왼쪽의 '이커머스 서비스' 텍스트를 선택하고 Ctrl + Shift + C 를 눌러 서식을 복사합니다. 오른쪽 '물류 서비스' 텍스트를 선택해 Ctrl + Shift + V 를 눌러 서식을 붙여넣습니다. 설명 텍스트도 동일하게 작업합니다.

14 텍스트의 정렬을 맞추기 위해 왼쪽 오른쪽의 제목 텍스트를 같이 선택한 후 [홈] – [그리기] – [정렬] – [맞춤] – [위쪽 맞춤]을 클릭합니다.

15 설명 텍스트도 같이 선택한 후 [홈] – [그리기] – [정렬] – [맞춤] – [위쪽 맞춤]을 클릭합니다.

도형으로 대비 효과 주기

확실한 대비 효과를 주기 위해 도형을 사용하겠습니다.

01 먼저 왼쪽 제목 텍스트 위에 원을 그린 후 [도형 서식]에서 '채우기 없음'을 클릭합니다. 윤곽선 색은 '흰색', 너비는 '6pt'로 설정합니다.

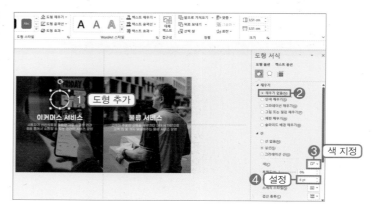

02 선을 하나 그리고 [도형 서식]에서 너비는 '6pt', 끝 모양 종류는 '원형'으로 설정합니다.

03 바로 아래 선을 하나 복사한 후 선의 길이를 짧게 줄입니다. 그리고 [도형 서식] – [크기 및 속성]에서 회전을 '45°'로 설정합니다.

04 위의 선도 선택 후 [도형 서식] – [크기 및 속성]에서 회전을 '135°'로 설정합니다.

05 2개의 선을 한 점으로 모아서 체크 모양으로 만듭니다.

06 체크 모양을 원 안에 배치한 후 Ctrl + G를 눌러 그룹화합니다. Shift를 누른 상태에서 방향키 ↓, ← 를 눌러 체크 모양의 크기를 줄입니다. 원 정가운데 체크 모양이 올 수 있도록 위치를 잡아 줍니다.

07 체크 모양과 원을 같이 선택해서 Ctrl + G를 눌러 그룹화합니다. Shift를 누른 채 방향키 ↓, ← 를 눌러 크기를 적당히 조절한 후 [도형 서식]에서 선의 색을 '주황'으로 설정합니다.

08 제목 텍스트의 '이커머스' 키워드도 '주황'으로 설정합니다. 이어서 왼쪽의 도형을 오른쪽으로 복사한 후 [도형 서식]에서 선의 색을 '연한 파랑'으로 설정합니다.

09 오른쪽 제목 텍스트에 '물류' 키워드도 '연한 파랑'으로 설정합니다. 왼쪽, 오른쪽 제목 텍스트와 설명 텍스트를 각각 선택한 후 Ctrl + [ ]를 눌러 제목 텍스트는 '32pt', 설명 텍스트는 '16pt'로 크기를 줄입니다.

+PLUS Ctrl + [ ] 단축키가 실행되지 않으면 Ctrl + Shift + < 단축키로 텍스트 크기를 줄일 수 있습니다.

10 텍스트의 크기를 줄인 만큼 도형의 크기를 줄이기 위해 왼쪽, 오른쪽 도형을 같이 선택한 후 Shift를 누른 상태에서 방향키 [↓], [←]를 동시에 누릅니다.

11 왼쪽, 오른쪽 텍스트와 도형을 모두 선택한 후 Ctrl + G 를 눌러 그룹화합니다.

12 그룹화 한 개체와 뒤에 투명도를 설정한 검은색 사각형 하나를 같이 선택한 후 [홈] – [그리기] – [정렬] – [맞춤] – [중간 맞춤]을 클릭하여 슬라이드 정가운데 배치합니다.

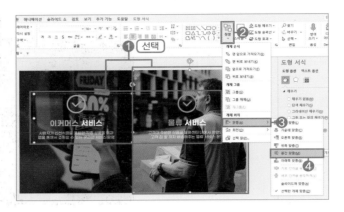

13 Ctrl + Shift + G 를 눌러 그룹화를 해제합니다. 오른쪽 텍스트가 잘 보이지 않으니 뒤에 검은색 사각형을 선택한 후 [도형 서식]에서 투명도를 '45%'로 변경합니다.

14 대비를 강조한 템플릿 디자인이 완성되었습니다.

사진에 그라데이션 효과 주기

파워포인트를 작업하다 보면 사진 위에 텍스트를 입력하는 경우가 많이 있습니다. 이때 배경이 되는 사진이 개입하여 텍스트의 가독성을 떨어트릴 수 있습니다. 배경이 되는 사진에 그라데이션 효과를 적용하면 배경이 비교적 흐릿해져서 텍스트의 가독성을 높일 수 있습니다. 지금부터 사진에 그라데이션 효과를 주는 방법에 대해 알아보겠습니다.

📁 완성파일 사진에 그라데이션 효과 주기.pptx

01 Unsplash(www.unsplash.com)에서 사진을 가져온 후 사진 위에 '흰색' 텍스트를 입력합니다. 텍스트의 가독성이 떨어지는 것을 확인할 수 있습니다.

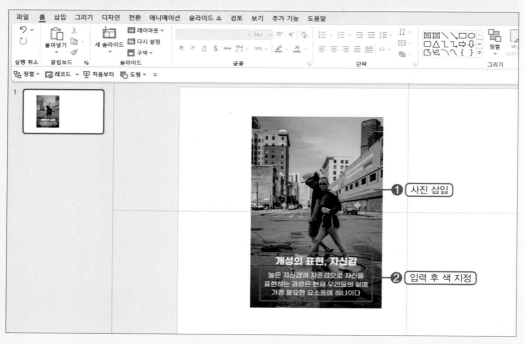

02 사진에 그라데이션을 적용하기 위해 사진 위에 윤곽선을 없앤 '검은색' 사각형을 만들어 줍니다.

03 텍스트만 선택한 후 [홈] – [그리기] – [정렬] – [맨 앞으로 가져오기]를 클릭합니다.

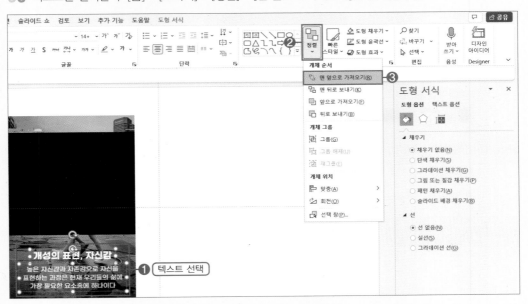

04 검은색 사각형을 사진 맨 아래에 맞춘 후 [도형 서식]에서 '그라데이션 채우기'를 선택합니다. 각도는 '90°'로 설정한 후 그라데이션 중지점은 2개만 남긴 채 모두 '검정, 텍스트 1'로 설정합니다.

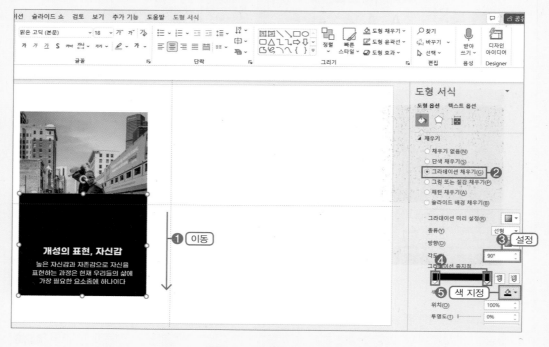

05 왼쪽 중지점을 선택한 후 투명도를 '100%'로 설정합니다. 그리고 오른쪽 중지점을 선택한 후 투명도를 '40%'로 설정합니다.

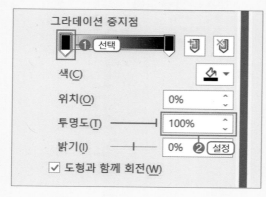
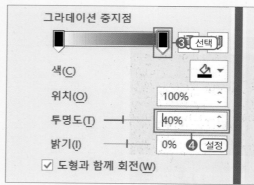

06 그라데이션을 적용함으로써 텍스트의 가독성이 높아진 것을 확인합니다. 사진에 그라데이션 효과를 사용하면 텍스트의 가독성을 쉽게 높일 수 있습니다.

사업 기획서, 보고서, 교육 등 다양한 분야에서 파워포인트를 활용할 때 특정 슬라이드에 내용이 몰리는 경우가 있습니다. 특히 그래프와 같은 콘텐츠를 넣는 경우에는 그래프, 설명글, 사진 등 다양한 콘텐츠를 한 슬라이드에 넣어야 하기 때문에 레이아웃을 잡기 어려워하는 경우가 많습니다. 이 경우 칸을 만들어 레이아웃을 크게 잡아 콘텐츠를 나열하는 방법이 있습니다. 지금부터 슬라이드에 그래프를 넣어야할 때 다양한 그래프 디자인 방법에 대해 알아보겠습니다.

다양한 그래프 디자인

01 | 보고서에 어울리는 깔끔한 그래프 디자인

파워포인트로 보고서를 만들어야 하는 경우 그래프와 키워드, 설명글 등을 한 슬라이드에 작업해야 되는 경우가 있습니다. 보고서와 같이 그래프를 포함한 다양한 콘텐츠를 한 슬라이드에 작업할 경우 어울리는 깔끔한 디자인 방법에 대해 알아보겠습니다.

📁 **완성파일** 깔끔한 그래프 디자인.pptx

: 미리보기

Before

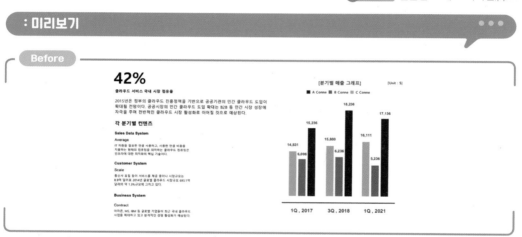

After

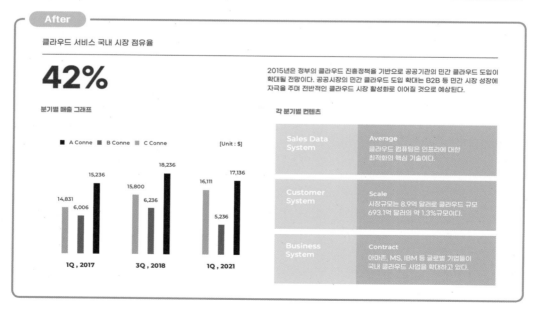

먼저 예시 슬라이드의 문제점을 분석하며 파워포인트에서 그래프를 사용할 때 자주 저지르는 실수에 대해 알아보겠습니다.

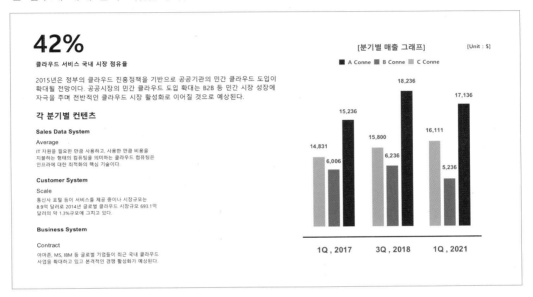

문제점 1

예시를 봤을 때 첫 번째 문제점은 텍스트의 크기가 너무 작다는 것입니다. 텍스트 크기는 최소 '12pt'는 돼야 슬라이드를 보는 사람이 불편함을 겪지 않습니다. 특히 비교적 연령대가 높은 분들을 대상으로 PPT를 만들어야 하는 경우에는 텍스트 크기가 최소 '14pt'는 넘어가야 합니다. 슬라이드에 텍스트가 너무 많으면 슬라이드를 2~3개로 나눠서 한 슬라이드에 내용이 몰리는 것을 방지해야 합니다.

문제점 2

두 번째 문제점은 공간의 낭비입니다. 슬라이드 전반적으로 텍스트는 왼쪽에 그래프는 오른쪽에 위치하고 있어 가운데 공간이 비어있는 것을 볼 수 있습니다. 가운데 공간이 비어 있으면 시선이 분산되기 때문에 직관성이 떨어질 수 있습니다. 그래프와 텍스트 등 한 슬라이드에 들어가는 콘텐츠가 많을 경우 칸을 만들어 레이아웃을 잡고, 각 콘텐츠를 정확히 구분하는 것이 좋습니다. 시선이 분산되지 않도록 최대한 한군데에 콘텐츠를 배치한 후 콘텐츠가 없는 나머지 여백을 통일시키는 것이 직관성을 높이는 디자인입니다.

선을 활용해 목차 디자인하기

예시 슬라이드에서 분석한 문제점을 보완하여 보고서에 어울리는 깔끔한 그래프 디자인 방법에 대해 알아보겠습니다.

01 새로운 슬라이드에서 배경색을 바꾸기 위해 마우스 오른쪽 버튼을 클릭하고 [배경 서식]을 선택한 후 [배경 서식] – [페인트 아이콘(🎨▾)] – [다른 색]을 클릭합니다. [색] 대화상자에서 [사용자 지정] 탭을 클릭하고 빨강 250, 녹색 250, 파랑 250을 입력한 후 [확인]을 클릭합니다.

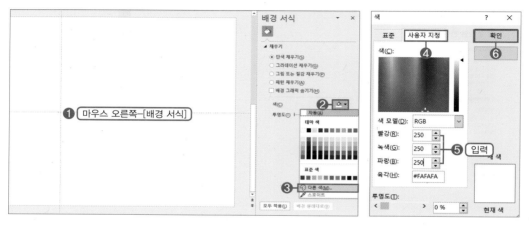

02 메뉴의 [홈] – [그리기]에서 [선(◻)]을 클릭한 후 슬라이드 위쪽에 너비 '1pt'의 '검은색' 선을 그어 줍니다.

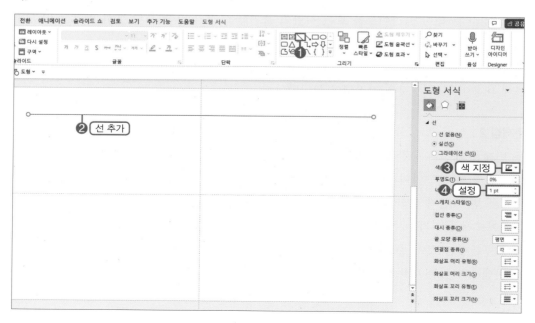

03 그리고 선 위에 목차를 입력합니다. 글꼴은 'G마켓 산스 Medium', 크기는 '14pt'로 설정합니다.

04 선 아래 강조할 수치와 설명 텍스트를 입력합니다. 강조할 수치(42%)의 글꼴은 'G마켓 산스 Bold, 54pt', 설명 글꼴은 'G마켓 산스 Medium, 12pt'로 설정합니다.

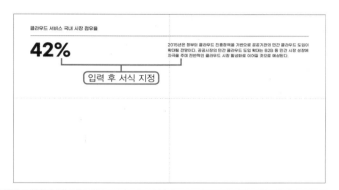

+PLUS 여기서 포인트는 선의 왼쪽 오른쪽 끝에 맞춰 텍스트를 정렬하는 것입니다. 그래프와 그 외 콘텐츠를 정렬한 여백에 맞춰야 통일성이 생기기 때문입니다.

이제 그래프를 넣을 칸과 키워드와 설명을 입력할 칸을 만들어주도록 하겠습니다.

01 먼저 그래프를 넣을 '흰색' 사각형을 그린 후 [도형 서식]에서 '선 없음'을 선택합니다.

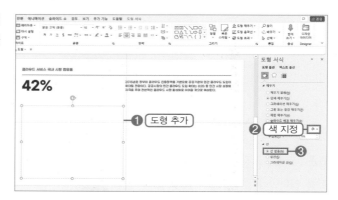

02 키워드를 입력할 사각형도 [도형 서식]에서 '선 없음'으로 설정하고 [페인트 아이콘(🖌️)]을 클릭한 후 '흰색, 배경 1, 15% 더 어둡게'를 선택합니다.

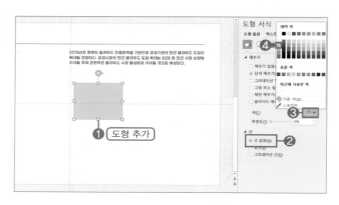

03 설명을 입력할 사각형을 가로로 조금 길게 그립니다. [도형 서식]에서 '선 없음'으로 설정하고 [페인트 아이콘(🖌️)]을 클릭한 후 '흰색, 배경 1, 25% 더 어둡게'를 선택합니다.

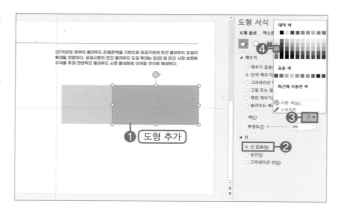

04 키워드와 설명 텍스트를 입력할 사각형을 Ctrl + G를 눌러 그룹화합니다.

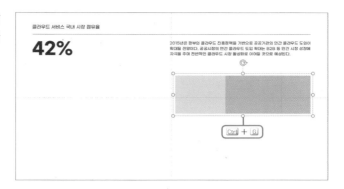

05 Ctrl + C를 눌러 그룹화한 개체를 복사한 후 Ctrl + D를 눌러 아래 2개를 복제합니다. 그룹화된 3개의 개체를 선택한 후 Ctrl + G를 눌러 총 6개의 사각형을 그룹화합니다.

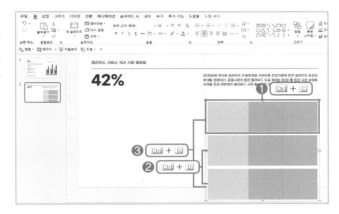

06 총 3단으로 이루어진 그룹화된 사각형의 높이를 왼쪽 흰색 사각형의 높이와 동일하게 맞추고 Ctrl + Shift + G를 눌러서 그룹화를 해제합니다. 그룹화를 총 2번 했기 때문에 Ctrl + Shift + G도 2번 눌러야 합니다.

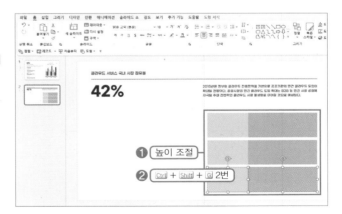

07 그룹화를 해제한 후 예시 슬라이드에 있던 텍스트를 미리 만들어 둔 키워드와 설명 칸에 각각 입력합니다. 키워드 칸 텍스트 글꼴은 'Montserrat SemiBold, 14pt', 설명 칸 텍스트 글꼴은 'Montserrat SemiBold, 12pt', 'G마켓 산스 Medium, 12pt', 색은 모두 '흰색'으로 설정합니다. 칸 위에 입력한 텍스트 글꼴은 'G마켓 산스 Medium, 12pt', 색은 '검정, 텍스트 1, 25% 더 밝게'로 설정하였습니다.

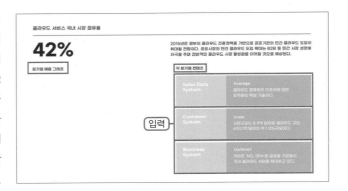

그래프 편집하기

그래프를 편집하기 위해 예시 슬라이드에서 '1Q, 2017' 그래프만 가져오겠습니다.

01 그래프의 텍스트는 제외하고 도형만 선택한 후 Ctrl + G 를 눌러 그룹화합니다.

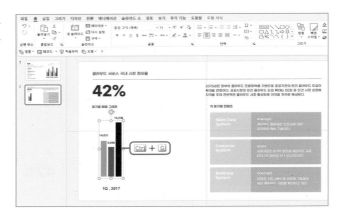

02 Shift 를 눌러 드래그하여 그래프의 크기를 줄인 후 Ctrl + Shift + G 를 눌러 그룹화를 해제합니다.

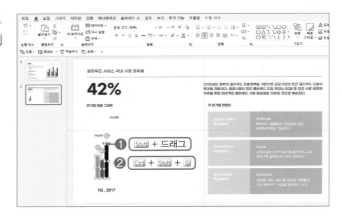

03 그래프의 간격을 넓히기 위해 맨
오른쪽 그래프의 위치를 조정합니다.

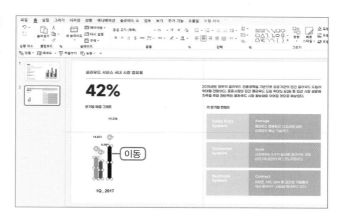

04 맨 오른쪽 그래프의 위치를 조정
한 후 그래프 3개를 모두 선택합니다.
[홈] – [그리기] – [정렬] – [맞춤] – [가
로 간격을 동일하게]를 클릭합니다.

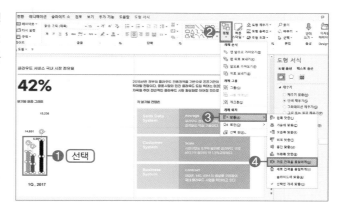

05 그래프의 가로 간격을 일정하게 한
후 그래프의 수치 글꼴을 'Montserrat
SemiBold', 크기는 '10pt'로 설정합니
다. Ctrl + 〈마우스 휠〉로 화면을 확대
한 후 그래프의 수치 텍스트를 그래프
위에 배치합니다.

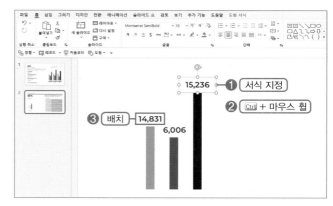

06 그래프의 수치 텍스트 3개와 그 래프 3개를 모두 선택한 후 Ctrl + G 를 눌러 그룹화합니다.

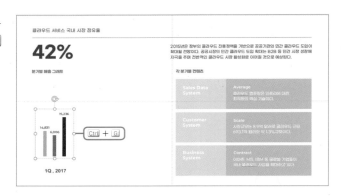

07 그래프 아래 '1Q, 2017'의 글꼴을 'Montserrat ExtraBold', 크기를 '12pt' 로 설정합니다. 그룹화한 개체와 '1Q, 2017' 텍스트를 모두 선택한 후 [홈] − [그리기] − [정렬] − [맞춤] − [가운데 맞춤]을 클릭합니다.

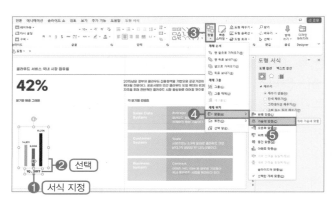

08 그룹화한 개체와 '1Q, 2017' 텍스 트를 선택한 후 Ctrl + G 를 눌러 그룹 화합니다. Ctrl + C 를 눌러 그룹화한 개체를 복사한 후 Ctrl + D 를 2번 눌 러 같은 간격으로 그래프를 복제합니다.

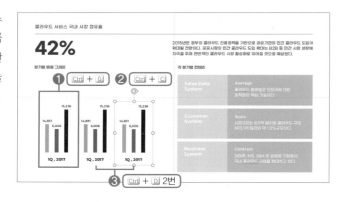

09 3개의 그룹화 개체의 정렬을 맞추기 위해 맨 오른쪽 그룹화 개체를 살짝 더 오른쪽으로 이동합니다.

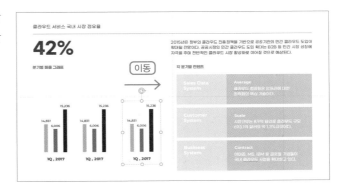

10 3개의 그룹화 개체를 선택한 후 [홈] – [그리기] – [정렬] – [맞춤] – [가로 간격을 동일하게]를 클릭합니다.

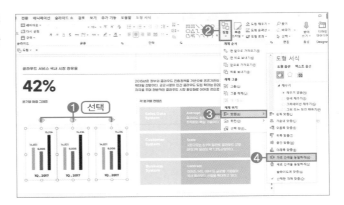

11 3개의 그룹화 개체와 바탕에 깔려있는 흰색 사각형을 정렬하기 위해 먼저 3개의 그룹화 개체를 선택한 후 Ctrl + G를 눌러 하나로 그룹화합니다.

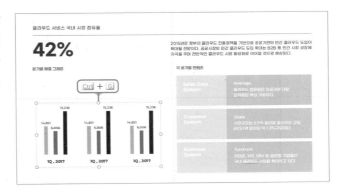

12 흰색 사각형과 그룹화 개체를 선택한 후 [홈] – [그리기] – [정렬] – [맞춤] – [가운데 맞춤]을 클릭합니다.

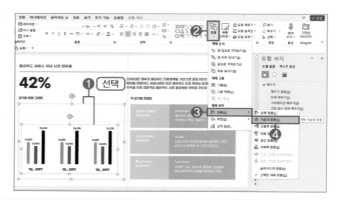

주의 가운데 맞춤으로 정렬할 때 반드시 흰색 사각형 안에 그룹화된 개체가 있어야 합니다. 만약 그룹화된 개체가 흰색 사각형 밖에 걸쳐 있다면 흰색 사각형과 그룹화된 개체가 같이 이동하면서 가운데 맞춤으로 정렬됩니다.

13 정렬 작업이 끝난 후 Ctrl + Shift + G 를 눌러 모든 그룹화를 해제합니다.

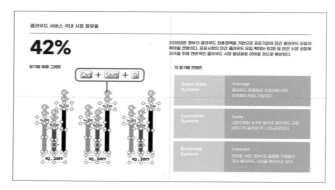

14 그룹화를 해제한 후 그래프 위와 아래 텍스트를 예시 슬라이드와 동일하게 수정합니다. 그리고 Ctrl + 〈마우스 휠〉로 화면을 확대한 후 그래프 위의 텍스트를 모두 선택하여 방향키 ↑ 를 10번 눌러 위치를 조정합니다.

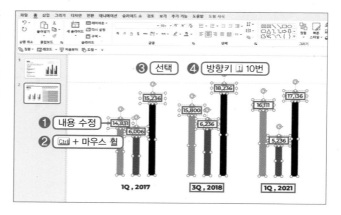

15 텍스트와 그래프가 각각 일정한 간격으로 떨어져 있는 깔끔한 그래프를 완성할 수 있습니다.

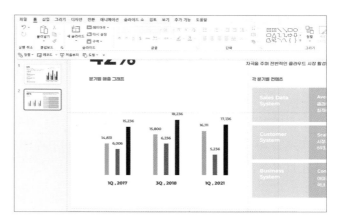

16 그래프의 단위와 각각의 그래프를 간략히 나타내는 요소를 추가로 만들어 줍니다. 보고서에 어울리는 깔끔한 그래프 디자인이 완성되었습니다.

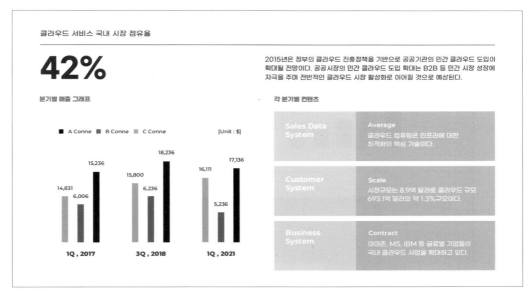

02 | 사진과 픽토그램을 활용한 그래프 디자인

모든 콘텐츠를 입력하였는데 애매하게 공간이 남는 경우, 사진과 픽토그램을 활용하여 여백을 채우고 직관성을 높이는 방법이 있습니다. 사진과 픽토그램을 활용한 그래프 디자인을 만들어 보겠습니다.

📁 **완성파일** 사진과 픽토그램 그래프 디자인.pptx

: 미리보기

Before

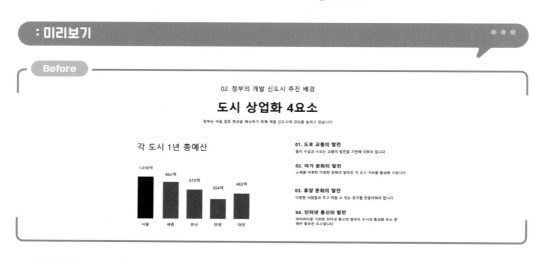

After

사진을 활용해 슬라이드 배경 만들기

예시 슬라이드의 문제점을 분석하고 Unsplash에서 주제와 어울리는 사진을 가져오겠습니다.

01 예시를 보면 그래프와 제목, 설명 텍스트 등 모든 요소가 다 들어 있는 데 슬라이드의 여백이 너무 불규칙하게 있어 슬라이드의 퀄리티가 전반적으로 낮아 보입니다. 먼저 사진으로 여백을 채워 보겠습니다.

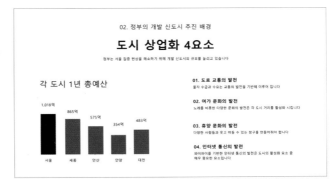

02 Unsplash(www.unsplash.com)에서 도시와 관련된 사진을 다운받고 파워포인트로 가져옵니다. 불러온 도시 사진을 새로운 슬라이드에 꽉 차게 확대하여 배치합니다.

03 슬라이드를 넘어간 부분을 자르기 위해 그림을 더블 클릭하고 [그림 서식] – [크기] – [자르기]를 클릭합니다. 빠져나온 위아래 부분을 슬라이드 크기에 맞게 자릅니다.

04 그림을 자른 후 Esc를 눌러 사진 자르기를 완료합니다.

05 사각형을 사진 위에 그린 후 [도형 서식]에서 사각형의 윤곽선을 없애고 [페인트 아이콘(🎨▾)]을 클릭하여 '검은색'으로 설정합니다.

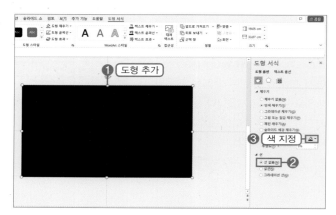

06 [도형 서식]에서 사각형의 투명도를 '40%'로 설정합니다. 배경 작업이 완성되었습니다. 사진과 사각형 위에 콘텐츠를 입력할 것이기 때문에 사진과 사각형이 작업할 때마다 선택되면 작업이 불편할 수 있습니다. 그러지 않기 위해서 사진과 사각형을 배경으로 설정해야 합니다.

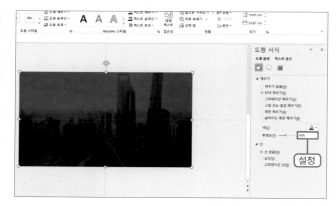

07 먼저 사진과 사각형을 드래그한 후 Ctrl + C를 눌러 클립보드에 복사합니다. 그리고 [배경 서식] – [채우기]에서 '그림 또는 질감 채우기'를 선택한 후 [그림 원본] – [클립보드]를 클릭합니다. 클립보드에 복사한 사진과 사각형이 배경으로 설정되었습니다. 기존에 있던 사진과 사각형은 지워 줍니다.

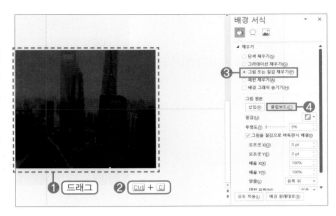

슬라이드 전체 콘텐츠 입력하기

배경을 설정했다면 이제 목차, 그래프, 키워드 등 슬라이드에 들어갈 전체 콘텐츠를 입력하겠습니다.

01 선을 활용하여 목차를 디자인하기 위해 [홈] – [그리기]에서 [선(◰)]을 클릭한 후 슬라이드 위쪽에 너비 '0.5pt'의 '흰색' 선을 그어 줍니다. 그리고 투명도는 '25%'로 설정합니다.

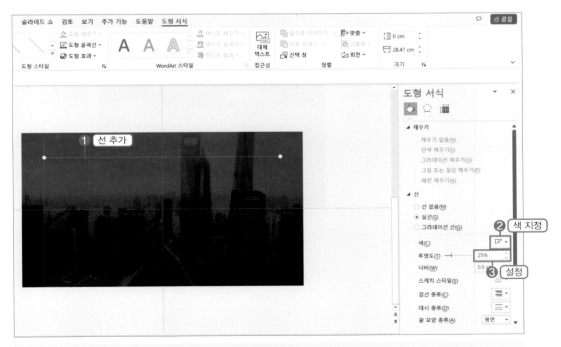

PLUS [정렬]을 클릭한 후 A, C를 순서대로 눌러 선을 슬라이드 가운데 정렬합니다.

02 선 위에 목차를 입력합니다. 목차를 입력할 때는 먼저 그린 선 양끝에 맞춰서 입력합니다. 목차의 글꼴은 'G마켓 산스 Medium', 크기는 '12pt', 색은 '흰색'으로 설정합니다.

03 선 아래 슬라이드 제목과 부연 설명을 입력합니다. 슬라이드 제목 글꼴은 'G마켓 산스 Bold, 28pt', 부연 설명 글꼴은 'G마켓 산스 Medium, 12pt'로, 색은 '흰색'으로 설정합니다. 그리고 그래프와 키워드가 들어갈 칸을 만들어 적절히 배치합니다.

04 제목에서 '4요소'를 강조하기 위해 텍스트를 드래그한 다음 [도형 서식] – [텍스트 옵션] – [페인트 아이콘 (🎨▾)]을 클릭한 후 '주황'을 선택합니다.

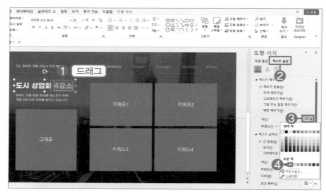

05 키워드 칸에는 텍스트를 입력할 것이기 때문에 텍스트가 잘 보이도록 '흰색'으로 설정합니다. 키워드에 비해 비교적 중요도가 낮은 그래프를 입력할 사각형은 '검은색', 투명도를 '50%'로 설정합니다.

+PLUS 키워드 칸과 그래프 칸 모두 '윤곽선 없음'으로 설정합니다.

06 예시 슬라이드에서 그래프와 텍스트를 가져와 각각의 칸에 콘텐츠를 입력합니다. 키워드 칸 글꼴은 'G마켓 산스 Medium, 16pt', 'G마켓 산스 Light, 12pt', 그래프 칸 글꼴은 'G마켓 산스 Medium', 크기는 각각 '10pt', '14pt'로 설정합니다. 그래프 칸 텍스트는 '흰색'과 강조색을 사용하였습니다. 모든 콘텐츠를 입력하였는데도 키워드 칸에 여백이 많은 것을 확인할 수 있습니다.

픽토그램으로 여백 채우기

슬라이드에 여백이 많아 허전해 보일 때 픽토그램을 활용하면 완성도를 높일 수 있습니다.

01 픽토그램을 가져오기 위해 Flaticon(www.flaticon.com)에 접속한 후 검색창 왼쪽에 필터를 클릭한 후 'Group by pack'을 선택합니다.

02 그리고 검색창에 'business'를 입력하여 원하는 계열의 픽토그램을 검색합니다.

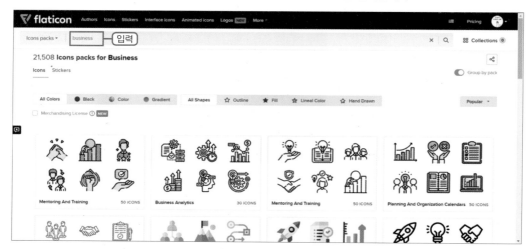

03 상단 메뉴에서 [Color]와 [Outline]을 선택한 후 강조색으로 설정한 '주황색'과 어울리는 픽토그램 패키지를 선택합니다.

04 패키지에서 마음에 드는 픽토그램 하나를 클릭한 후 픽토그램 오른쪽 위에 있는 [Edit icon(✎ Edit icon)]을 클릭합니다.

05 픽토그램의 라인을 '검은색'과 '주황색'으로 바꾸기 위해 기본 라인으로 설정된 '남색'을 선택합니다. 아래 [Choose a new color]를 클릭한 후 검은색 계열로 변경합니다.

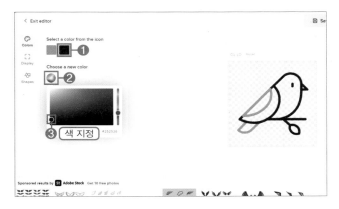

06 다음은 '분홍색'을 선택한 후 [Choose a new color]를 클릭해 주황색 계열로 변경합니다.

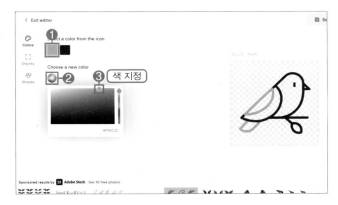

07 픽토그램의 설정을 마친 후 [Download]를 클릭하여 'PNG 512px'로 다운받습니다.

08 다운받은 픽토그램을 파워포인트에 가져온 후 키워드 칸의 여백에 크기를 줄여 배치합니다.

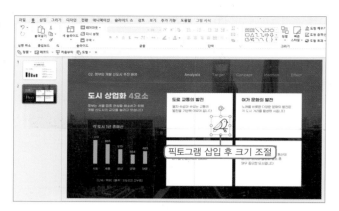

09 각각의 키워드 칸 여백에 주제에 맞는 픽토그램을 가져와 배치하면 사진과 픽토그램을 활용하여 여백을 채우고 직관성을 높이는 디자인이 완성되었습니다. 픽토그램을 사용할 때 슬라이드에서 사용한 강조색을 고려하면 디자인의 통일감을 줄 수 있습니다.

03 그래프가 많을 때 디자인

그래프가 많을 때는 각각의 그래프가 구별될 수 있도록 선이나 칸을 만들어 구분하는 것이 가장 좋습니다. 앞에서는 예시에 있는 막대 그래프를 사용하여 그래프 디자인을 연습하였다면 이번에는 파워포인트에서 기본으로 제공하는 그래프 기능을 사용해 그래프를 직접 만들어 보겠습니다. 가장 쉽게 활용할 수 있는 것은 원형 그래프입니다. 4개의 원형 그래프를 한 슬라이드에 넣어야 한다고 가정하고 디자인해 보겠습니다.

📁 **완성파일** 그래프가 많을 때 디자인.pptx

: 미리보기

02. 2022년 메타버스 시장 규모

메타버스 각 플랫폼 대세 서비스 분야

각 플랫폼은 다양하게 서비스를 제공하고 메인 유저들에게 어필하고 있습니다

 30% **그래프 제목**
A서비스를 제공하는 플랫폼들이 유저들에게 어필하는 추세 입니다

30% **그래프 제목**
A서비스를 제공하는 플랫폼들이 유저들에게 어필하는 추세 입니다

 30% **그래프 제목**
A서비스를 제공하는 플랫폼들이 유저들에게 어필하는 추세 입니다

 30% **그래프 제목**
A서비스를 제공하는 플랫폼들이 유저들에게 어필하는 추세 입니다

강조색	R41, G77, B255
목차/부제 글꼴	G마켓 산스 Medium
목차/부제 크기	14pt
목차 투명도	30%
제목 글꼴	G마켓 산스 Bold
제목 크기	36pt

그래프 수치값 글꼴	G마켓 산스 Bold
그래프 수치값 크기	24pt
그래프 제목/설명 글꼴	G마켓 산스 Bold / G마켓 산스 Medium
그래프 제목/설명 크기	20pt/12pt

먼저 텍스트 레이아웃을 잡은 후 그래프가 들어갈 칸을 만들겠습니다.

01 목차와 제목 그리고 부제를 입력합니다. 목차 글꼴은 'G마켓 산스 Medium, 14pt', 제목 글꼴은 'G마켓 산스 Bold, 36pt', 부제 글꼴은 'G마켓 산스 Medium, 14pt'로 설정합니다.

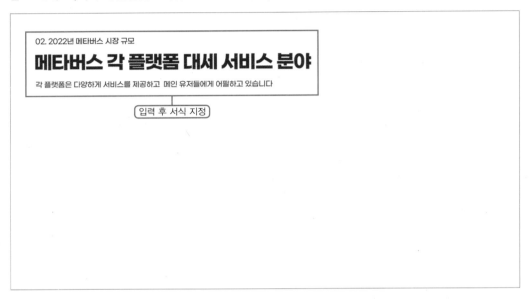

02 목차와 부제 텍스트의 자간을 설정하기 위해 [글꼴] 대화상자의 [문자 간격] 탭에서 간격을 '좁게'로 설정한 후 값을 '0.5'로 입력합니다. 제목 텍스트의 자간은 간격을 '좁게'로 설정하고 값을 '2.5'로 입력한 후 [확인]을 클릭합니다.

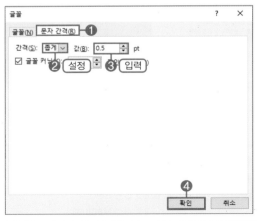
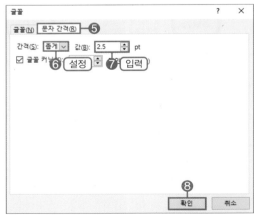

+PLUS 자간은 [홈] – [글꼴] – [문자 간격] – [기타 간격]에서 설정할 수 있습니다.

03 이제 그래프를 구분하는 칸을 만들어 보겠습니다. [홈] – [그리기]에서 [모서리가 둥근 직사각형(▢)]을 클릭하여 그린 후 [도형 서식]에서 '선 없음', 색은 '흰색'으로 설정합니다.

04 모서리가 둥근 직사각형의 색과 배경색이 같아 도형을 구분할 수 없으므로 모서리가 둥근 직사각형에 그림자 효과를 적용합니다. 모서리가 둥근 직사각형을 선택하고 [도형 서식] – [도형 옵션] – [효과] – [그림자]에서 [그림자 아이콘(▢▾)]을 클릭한 후 '오프셋: 오른쪽 아래'를 선택합니다.

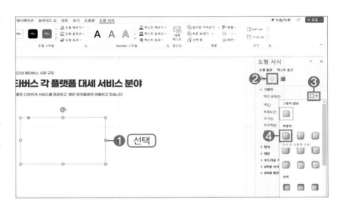

⚠️ **주의** 파워포인트 2016 이하 버전은 그림자 효과의 명칭이 '오프셋 대각선 오른쪽 아래'로 명시되어 있습니다.

05 투명도 '90%', 흐리게 '10pt', 간격 '5pt'로 그림자 값을 설정합니다.

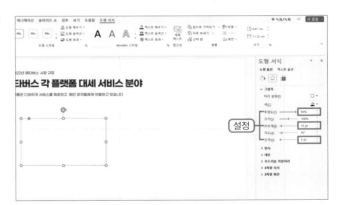

06 목차와 제목 텍스트에 강조색을 사용하기 위해 먼저 [홈] – [그리기]에서 [직사각형(□)]을 클릭하여 사각형 하나를 그립니다.

07 사각형의 색을 강조색으로 바꾸기 위해 [색] 대화상자의 [사용자 지정] 탭에서 빨강 41, 녹색 77, 파랑 255를 입력한 후 [확인]을 클릭합니다.

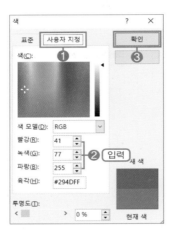

08 강조색을 지정한 후 목차와 제목에서 강조할 텍스트 그리고 모서리가 둥근 직사각형의 그림자의 색을 모두 강조색으로 바꿔 줍니다. 목차 텍스트는 강조색을 적용한 후 투명도를 '30%'로 설정합니다.

> **PLUS** 모서리가 둥근 직사각형의 그림자 색은 [도형 서식] – [도형 옵션] – [효과] – [그림자]에서 변경할 수 있습니다.

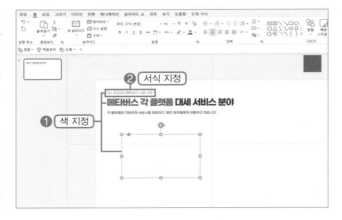

이제 파워포인트에서 기본으로 제공하는 그래프 기능을 사용해 원형 그래프를 만들어 보겠습니다.

01 [삽입] – [일러스트레이션] – [차트]를 클릭합니다.

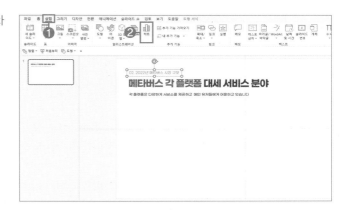

02 [차트 삽입] 대화상자의 [원형] 탭에서 '도넛형'을 선택하고 [확인]을 클릭합니다.

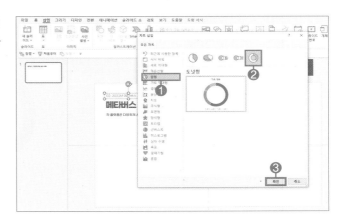

03 그러면 아래와 같이 엑셀 파일과 그래프가 함께 나타납니다. 엑셀 파일에서 '1분기'와 '2분기' 값만 남기고 나머지 값은 지워 줍니다.

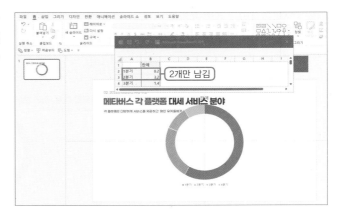

04 '1분기'와 '2분기'를 제외한 나머지 값을 지우면 실시간으로 원형 그래프의 목차가 2개로 줄어드는 것을 확인할 수 있습니다. 이제 엑셀 파일을 끄고 원형 그래프 이외의 요소는 모두 Delete 를 눌러 지워 줍니다.

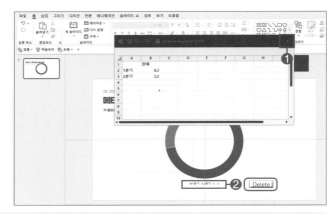

+PLUS 그래프를 한 번 클릭하면 그래프 전체가 선택되기 때문에 그래프의 요소를 지우기 위해서는 지우고 싶은 요소를 한 번씩 더 클릭해야 그래프를 제외한 요소를 선택할 수 있습니다.

05 원형 그래프를 선택한 후 [데이터 계열 서식] – [채우기 및 선]에서 원형 그래프의 색을 미리 지정해 둔 강조색과 '검정, 텍스트 1, 35% 더 밝게'로 설정한 후 테두리를 '선 없음'으로 설정합니다.

+PLUS 그래프 요소를 지울 때와 마찬가지로 그래프를 한 번 클릭하면 그래프 전체가 선택되므로 색을 바꾸고 싶은 부분을 한 번씩 더 클릭합니다. 색을 바꾸고 싶은 부분을 한 번씩 더 클릭하면 '데이터 계열 서식'에서 '데이터 요소 서식'으로 변경되는 것을 확인할 수 있습니다.

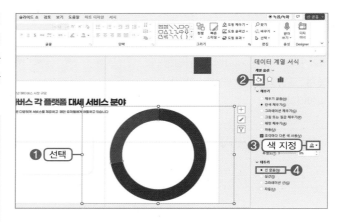

06 그 다음 [데이터 요소 서식] – [계열 옵션]에서 도넛 구멍 크기를 '85%'로 설정합니다.

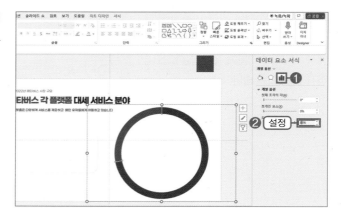

230

07 이렇게 그래프가 완성되면 크기를 줄여 칸 안에 배치합니다.

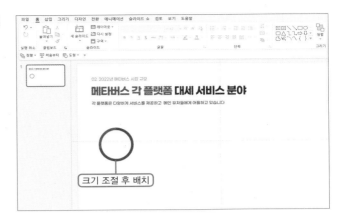

그래프 작업 마무리하기

그래프 칸에 텍스트를 입력하고 서식을 지정하여 그래프 작업을 마무리하겠습니다.

01 제목 텍스트를 복사해서 그래프 가운데 배치합니다. 크기는 '24pt', 자간은 '보통'으로 설정한 후 수치 값을 입력합니다.

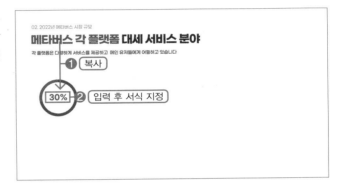

02 그래프 오른쪽에 그래프 제목과 설명을 입력합니다. 그래프 제목 글꼴은 'G마켓 산스 Bold, 20pt', 설명 글꼴은 'G마켓 산스 Medium, 20pt'로 설정하고 그래프 칸의 크기를 알맞게 조절합니다.

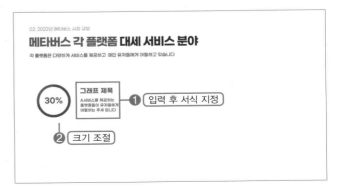

03 그래프 칸의 크기를 알맞게 조절한 후 그래프 칸을 선택합니다. [도형 서식] – [효과] – [그림자]에서 흐리게 '20pt', 간격 '10pt'로 그림자 값을 변경합니다.

04 완성된 그래프 칸을 모두 드래그하여 선택 후 Ctrl + G를 눌러 그룹화합니다. 그룹화한 개체를 선택한 후 Ctrl + C, Ctrl + V를 눌러 복사합니다. 총 4개의 그래프 칸을 만들어 정렬합니다.

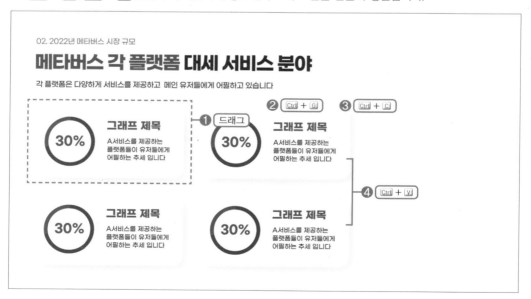

05 오른쪽에 애매하게 남은 공간은 슬라이드 디자인과 어울리는 사진을 넣어 꾸밀 수 있습니다.

02. 2022년 메타버스 시장 규모

메타버스 각 플랫폼 대세 서비스 분야 [사진 삽입]

각 플랫폼은 다양하게 서비스를 제공하고 메인 유저들에게 어필하고 있습니다

30% 그래프 제목
A서비스를 제공하는 플랫폼들이 유저들에게 어필하는 추세 입니다

30% 그래프 제목
A서비스를 제공하는 플랫폼들이 유저들에게 어필하는 추세 입니다

30% 그래프 제목
A서비스를 제공하는 플랫폼들이 유저들에게 어필하는 추세 입니다

30% 그래프 제목
A서비스를 제공하는 플랫폼들이 유저들에게 어필하는 추세 입니다

06 만약 그래프를 설명하는 텍스트가 많아 사진을 넣을 자리가 없다면 그래프 칸의 가로 길이를 늘려 가지런히 정렬한 디자인으로 슬라이드를 완성할 수 있습니다.

02. 2022년 메타버스 시장 규모

메타버스 각 플랫폼 대세 서비스 분야

각 플랫폼은 다양하게 서비스를 제공하고 메인 유저들에게 어필하고 있습니다

 그래프 제목
A서비스를 제공하는 플랫폼들이 유저들에게 어필하는 추세 입니다

 그래프 제목
A서비스를 제공하는 플랫폼들이 유저들에게 어필하는 추세 입니다

 그래프 제목
A서비스를 제공하는 플랫폼들이 유저들에게 어필하는 추세 입니다

 그래프 제목
A서비스를 제공하는 플랫폼들이 유저들에게 어필하는 추세 입니다

상승곡선 그래프 만들기

슬라이드에 그래프를 넣으면 축, 값 표시, 항목 표시 등 그래프의 요소를 유심히 봐야 그래프를 이해할 수 있습니다. 하지만 한눈에 무엇을 나타내는지 명확하게 알 수 있는 그래프를 사용하면 훨씬 이해하기 쉽고 전달력도 있습니다. 직관성이 높은 그래프를 만드는 습관을 들이면 파워포인트 디자인 실력이 비약적으로 늘어날 것입니다. 지금부터 상승곡선이나 하강곡선을 나타날 때 효과적인 그래프를 만드는 팁을 알려드리겠습니다.

📁 **완성파일** 상승곡선 그래프.pptx

01 먼저 삼각형 하나를 그린 후 맨 위 꼭지점에 있는 주황 점을 오른쪽으로 드래그하여 직각삼각형 모양을 만들어 줍니다.

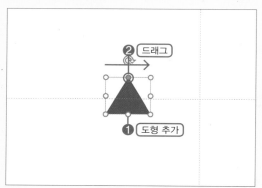
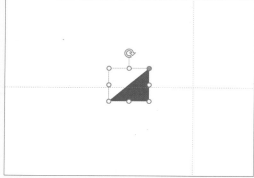

02 직각삼각형을 선택한 후 Ctrl + D를 눌러 복제합니다. 복제한 직각삼각형을 기존 직각삼각형의 오른쪽 위 꼭지점에 맞춰 배치합니다.

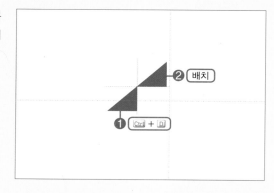

03 Ctrl을 누른 상태로 D를 3번 눌러 같은 간격으로 직각삼각형 5개가 되도록 복제합니다.

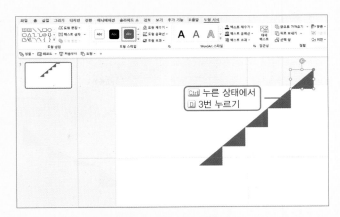

04 직각삼각형 높이를 각각 다르게 조절한 후 각 꼭지점을 연결합니다.

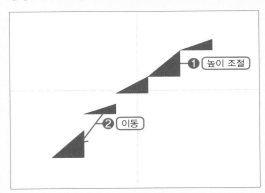

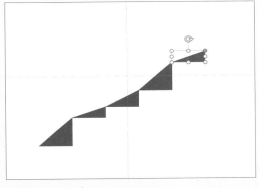

05 직각삼각형을 모두 선택한 후 [도형 서식]에서 '선 없음'으로 설정합니다.

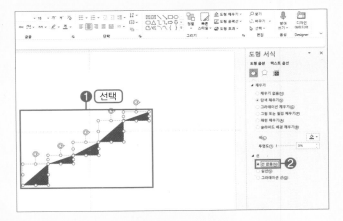

06 직각삼각형의 선을 없앤 후 '회색–25%, 배경 2, 10% 더 어둡게' 색의 사각형을 하나 그립니다. 역시 [도형 서식]에서 '선 없음'으로 설정합니다.

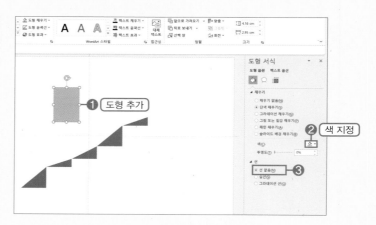

07 사각형의 크기를 조절해 직각삼각형 아래에 배치한 후 Ctrl + C를 눌러 사각형을 복사하고 Ctrl + V를 눌러 바로 오른쪽에 배치합니다. 복사한 사각형의 높이를 조절해 직각삼각형 아래 공간을 채워 줍니다.

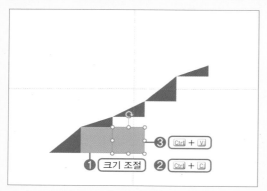

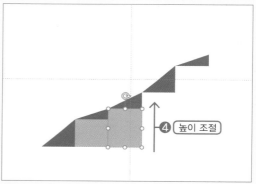

08 07 과정을 2번 더 반복하여 빈공간 없이 채워 줍니다. 그리고 맨 오른쪽 직각삼각형과 사각형을 드래그로 같이 선택합니다.

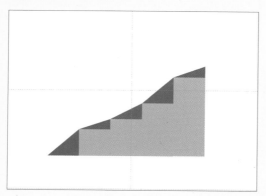

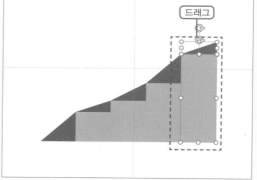

09 맨 오른쪽 직각삼각형과 사각형을 선택한 상태에서 [도형 서식] – [도형 삽입] – [도형 병합] – [통합]을 클릭합니다.

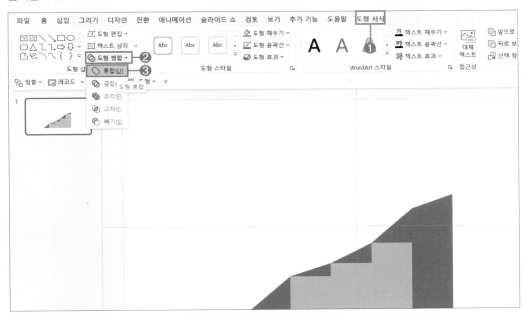

10 나머지 직각삼각형과 사각형도 드래그로 한 줄씩 선택하여 [도형 병합] – [통합]을 클릭합니다.

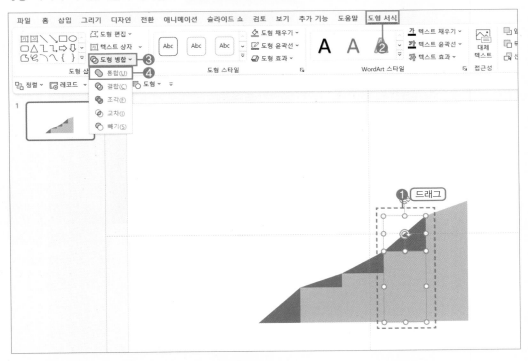

11 도형을 모두 선택한 후 [도형 서식] – [페인트 아이콘(🎨▾)]에서 색을 '파랑, 강조 5, 50% 더 어둡게'로 설정합니다.

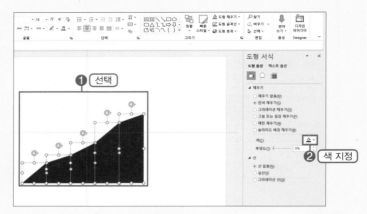

12 오른쪽에서 두 번째 칸을 선택한 후 [도형 서식]에서 투명도를 '10%'로 설정합니다.

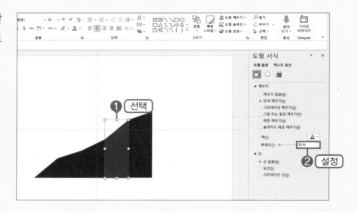

13 오른쪽에서 세 번째 칸은 투명도 '20%', 네 번째 칸은 '30%', 다섯 번째 칸은 '40%'로 설정합니다.

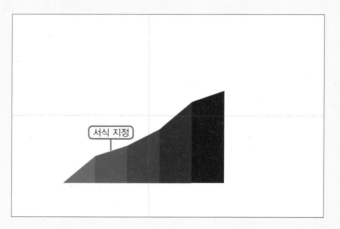

14 상승곡선 그래프를 활용하면 직관성이 높은 그라데이션 그래프를 만들 수 있습니다.

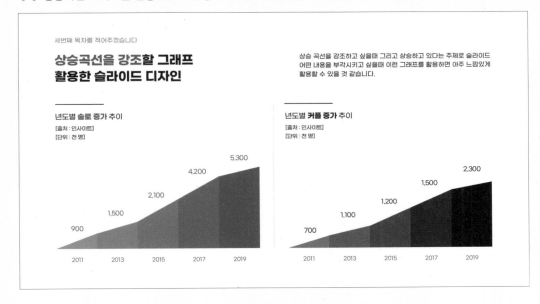

파워포인트에서 표나 그래프를 사용해야 할 경우 표보다는 그래프를 사용하는 것이 시각적인 전달력이
더 뛰어납니다. 만약 표를 사용해야 한다면 파워포인트에서 기본으로 제공하는 표의 기능을 사용하기보
다 직접 선을 그어 표를 그리는 방법을 추천합니다. 지금부터 표를 직접 만들었을 때의 장점과 표를 만
드는 과정, 표가 포함된 슬라이드의 디자인 방법에 대해 알아보겠습니다.

다양한 표 디자인

01 정렬이 일정한 표 디자인

그래프 디자인과 마찬가지로 표를 넣을 때 먼저 사각형으로 표가 들어갈 칸을 만들어서 레이아웃을 잡는 것이 좋습니다. 표를 만드는 과정을 알아본 후 표가 포함된 슬라이드의 디자인 방법에 대해 알아보겠습니다.

📁 **완성파일** 정렬이 일정한 표 디자인.pptx

: 미리보기 ● ● ●

242

파워포인트에서 기본으로 제공하는 표의 기능을 사용하는 것보다 직접 표를 만들었을 때 장점은 2가지입니다.

첫 번째: 커스터마이징이 쉽다.

선을 활용해서 직접 표를 만들면 디자인을 할 수 있는 범위가 훨씬 넓어집니다. 표를 단순히 네모 칸에 수치를 나열하는 것이라고 생각할 수 있지만 생각보다 표 디자인은 훨씬 다양하고 어떻게 만드냐에 따라 달라질 수 있습니다. 읽기 복잡하고 가독성이 떨어지는 표 대신 깔끔한 디자인으로 중요한 수치가 눈에 들어오는 표를 만들 수 있어야 합니다.

두 번째: 정렬 연습을 할 수 있다.

파워포인트에서 콘텐츠를 정렬하는 연습은 디자인 실력을 향상시킬 수 있는 중요한 과정입니다. 표는 정렬하는 것이 중요하기 때문에 표를 만들면서 자연스럽게 정렬 연습을 할 수 있습니다. 표를 만들 때뿐만 아니라 그래프를 만들 때, 도식화하는 도형을 만들 때 등 다양한 분야에서 정렬 속도가 빨라지고 디자인의 퀄리티가 높아질 수 있습니다.

그럼 지금부터 표를 만드는 과정을 알아보겠습니다.

01 먼저 표로 만들어야 할 예시 슬라이드를 살펴보겠습니다. 예시 슬라이드를 보면 4x4 형식의 표가 필요하다는 것을 알 수 있습니다.

기준	월 50만원 이상을 달성	월 100만원 이상을 달성	월 150만원 이상을 달성
흑자	10,000 + @%	20,000 + @%	30,000 + @%
등급	1등급 / 2천만원 2등급 / 3천만원	1등급 / 3천만원 2등급 / 4천만원	1등급 / 5천만원 2등급 / 6천만원
연차별 목표	2018년 100,000,000원 2019년 200,000,000원	2018년 200,000,000원 2019년 300,000,000원	2018년 300,000,000원 2019년 400,000,000원

02 새로운 슬라이드에서 표를 만들어보겠습니다. 메뉴의 [홈] – [그리기]에서 [선(＼)]을 클릭한 후 '검은색' 선을 그립니다.

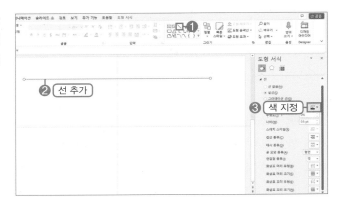

03 선을 그린 후 Ctrl + C 를 눌러 선을 복사를 한 다음 Ctrl + D 를 눌러 복사된 선을 원하는 간격에 배치합니다.

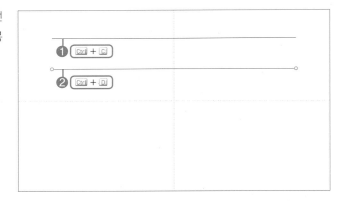

04 이 상태에서 Ctrl 을 누르고 D 를 3번 눌러 동일한 간격으로 선을 복사합니다.

05 총 5개의 선을 만든 후 첫 번째 선과 마지막 선만 선택합니다. [도형 서식]에서 너비를 '2.5pt'로 설정합니다.

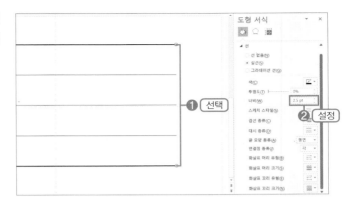

텍스트 입력 후 정렬하기

이제 표 안에 텍스트를 입력한 후 일정하게 정렬해 보겠습니다.

01 예시 슬라이드에서 맨 오른쪽 세로 열을 가져옵니다.

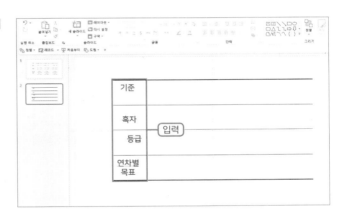

02 세로 열 텍스트 위에 '검은색' 사각형을 그린 후 [도형 서식]에서 '선 없음'을 선택하고, 투명도를 '80%'로 설정합니다.

03 텍스트와 사각형을 드래그하여 함께 선택한 후 [홈] – [그리기] – [정렬] – [맞춤] – [가운데 맞춤]을 클릭합니다.

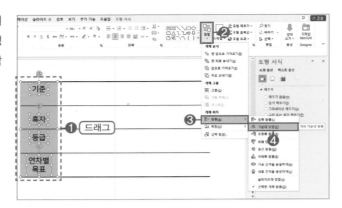

04 정렬을 마친 후 텍스트만 선택한 상태에서 Ctrl + E 를 눌러 단락을 가운데 맞춤으로 설정하고, 텍스트의 글꼴을 '나눔스퀘어 ExrtaBold', 크기를 '20pt'로 설정합니다.

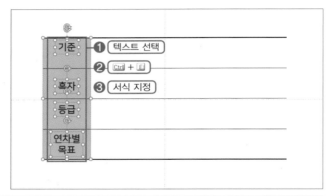

+PLUS Ctrl + E 를 눌러 단락을 가운데 맞춤으로 설정하는 이유는 왼쪽 맞춤 상태에서 텍스트 크기를 줄이면 왼쪽을 기준으로 텍스트 크기가 줄어들기 때문입니다. 텍스트 크기를 조절하기 전 단락이 가운데 맞춤으로 설정되어 있는지 확인하는 것이 좋습니다.

05 텍스트 앞에 있는 사각형을 맨 뒤로 보내기 위해 사각형을 선택한 상태에서 [홈] – [그리기] – [정렬] – [맨 뒤로 보내기]를 클릭합니다.

06 예시 슬라이드에서 두 번째 세로 열을 가져온 후 텍스트가 넘치지 않게 Shift 를 누른 상태에서 드래그 하여 텍스트와 선의 위치를 조절합니다.

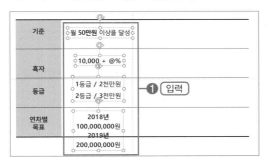

+PLUS 선을 움직일 때 Shift 를 누른 상태에서 위치를 이동하면 직선상으로만 이동하기 때문에 정렬을 맞춘 상태로 이동할 수 있습니다.

07 텍스트만 선택한 상태에서 Ctrl + E 를 눌러 단락을 가운데 맞춤으로 설정하고, 텍스트의 글꼴을 '나눔스퀘어', 크기를 '16pt'로 설정합니다.

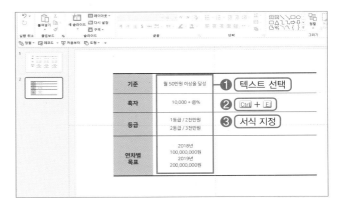

08 예시 슬라이드에서 나머지 내용을 모두 가져온 후 '월 50만원 이상을 달성' 텍스트를 클릭하고 Ctrl + Shift + C 를 눌러 텍스트 서식을 복사합니다.

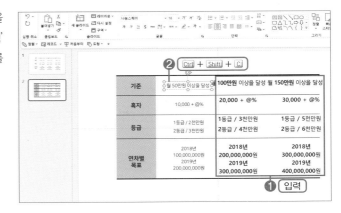

09 첫 번째와 두 번째 열을 제외한 모든 텍스트를 선택한 후 Ctrl + Shift + V를 눌러 텍스트 서식을 붙여넣기 합니다.

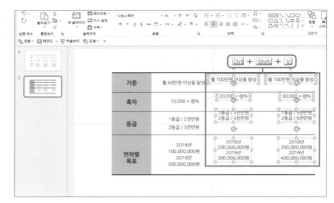

10 이제 정렬 작업을 하기 위해 먼저 눈대중으로 텍스트를 정렬합니다. 그리고 '기준' 행에 있는 텍스트를 모두 선택한 후 [홈] – [그리기] – [정렬] – [맞춤] – [중간 맞춤]을 클릭합니다.

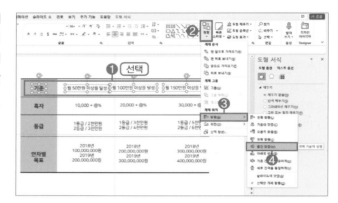

11 '흑자', '등급', '연차별 목표' 행에 있는 텍스트도 **10**과 같은 방법으로 모두 선택하고 [홈] – [그리기] – [정렬]을 클릭한 후 A, M을 순서대로 눌러서 정렬합니다.

➕ **PLUS** A, M은 [홈] – [그리기] – [정렬] – [맞춤] – [중간 맞춤]의 단축키입니다.

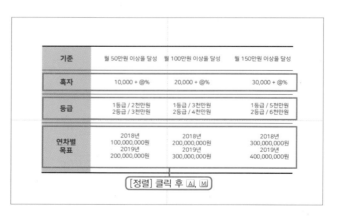

12 이제 세로 열을 정렬하겠습니다. '월 50만원 이상을 달성' 열에 있는 텍스트를 모두 선택한 후 [홈] – [그리기] – [정렬] – [맞춤] – [가운데 맞춤]을 클릭합니다.

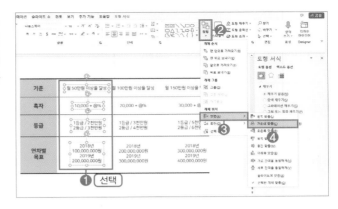

13 '월 100만원 이상을 달성', '월 150만원 이상을 달성' 열에 있는 텍스트도 **12**와 같은 방법으로 [홈] – [그리기] – [정렬]을 클릭한 후 A, C를 순서대로 눌러서 정렬합니다. 그리고 Ctrl + G를 눌러 각각 그룹화합니다.

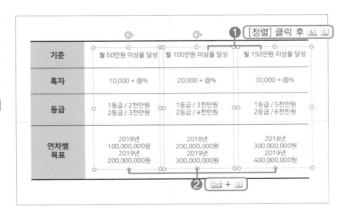

표 테두리 만들기 – 세로선

다음으로 표의 세로선을 그려주겠습니다.

01 기존에 그려둔 사각형에 맞춰 '검은색' 세로선을 그린 후 [도형 서식] – [선] – [대시 종류]에서 대시 종류를 '파선'으로 설정합니다.

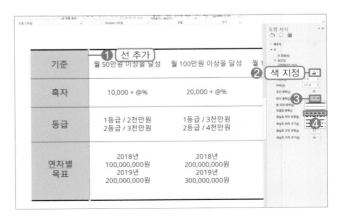

✦PLUS 선을 추가할 때 사각형의 세로선을 따라 Shift를 누른 채 드래그하면 일직선으로 그릴 수 있습니다.

---

02 표의 내용이 구분될 수 있도록 Ctrl + C를 눌러 선을 복사한 후 Ctrl + V를 눌러 칸이 만들어지도록 배치합니다.

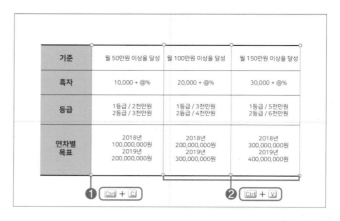

03 드래그하여 사각형과 가로선을 제외한 모든 것을 선택합니다.

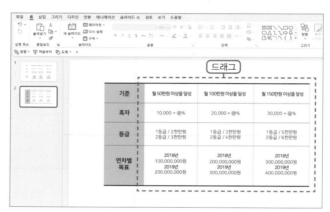

04 세로 선과 텍스트가 선택된 상태에서 [홈] – [그리기] – [정렬] – [맞춤] – [가로 간격을 동일하게]를 클릭하여 간격을 일정하게 합니다.

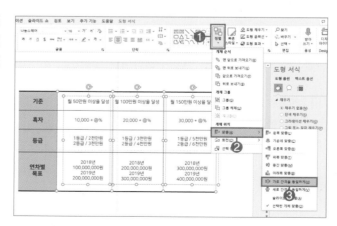

05 사각형을 기준으로 그린 세로 선을 지우고, 중요하다고 생각되는 내용의 글꼴을 '나눔스퀘어 ExtraBold'로 변경합니다.

기준	월 50만원 이상을 달성	월 100만원 이상을 달성	월 150만원 이상을 달성
흑자	10,000 + @%	20,000 + @%	30,000 + @%
등급	1등급 / 2천만원 2등급 / 3천만원	1등급 / 3천만원 2등급 / 4천만원	1등급 / 5천만원 2등급 / 6천만원
연차별 목표	2018년 100,000,000원 2019년 200,000,000원	2018년 200,000,000원 2019년 300,000,000원	2018년 300,000,000원 2019년 400,000,000원

❶ 삭제   **❷** 서식 지정

+PLUS 아직 정렬 연습이 부족하고, 정렬 단축키가 익숙하지 않은 상태이기 때문에 표를 만드는 것이 어려울 수 있습니다. 하지만 표 만드는 연습을 계속 하다 보면 만드는 속도도 빨라지고 파워포인트를 디자인하는 실력도 점점 향상될 것입니다.

표가 포함된 슬라이드 디자인하기

표가 포함된 슬라이드를 디자인하기 위해 사진과 사각형으로 먼저 레이아웃을 잡은 후 나머지 콘텐츠를 배치하겠습니다.

01 Pexels(www.pexels.com)에 접속하여 'shake hands'를 검색하고 원하는 사진을 선택합니다. [무료 다운로드] 옆에 화살표를 클릭한 후 '큼'을 선택하여 사진을 다운받습니다.

02 다운받은 사진을 파워포인트로 가져온 후 사진을 더블 클릭합니다. [그림 서식] – [크기] – [자르기]를 클릭하여 사진에서 필요한 부분만 자르고 Esc를 눌러 사진 자르기를 완료합니다. 슬라이드 위쪽에 맞춰 사진 크기를 조절합니다.

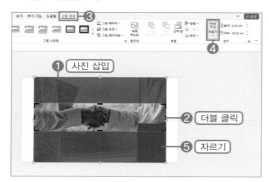 

03 사진을 선택한 상태에서 [그림 서식] – [조정] – [색]을 클릭하여 채도를 '0%'로 설정합니다.

04 사진 위에 '검은색' 사각형을 같은 크기로 그린 후 [도형 서식]에서 '선 없음'을 선택하고, 투명도를 '50%'로 설정합니다.

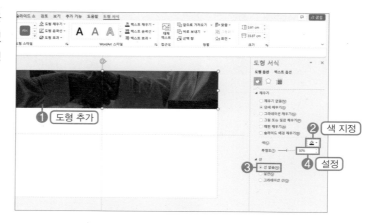

05 완성된 사진 위에 슬라이드의 제목과 목차를 입력합니다. 제목 글꼴은 '나눔스퀘어 ExtraBold, 28pt', 목차 글꼴은 '나눔스퀘어, 18pt', 색은 '흰색'으로 설정합니다.

06 이제 사각형으로 표와 그 외 콘텐츠를 구분할 칸을 만들어 레이아웃을 잡습니다. 내용에 따라 레이아웃을 다양하게 잡을 수 있습니다. 연습 과정에서는 표, 도식화된 도형, 텍스트가 있다고 가정하여 레이아웃을 만들었습니다.

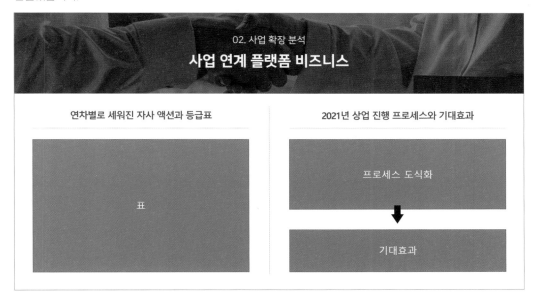

07 미리 만들어 둔 표와 그 외 콘텐츠를 입력하여 완성한 디자인입니다. 사각형으로 표가 들어갈 칸을 만들어 미리 레이아웃을 잡아놓으면 여백을 통일할 때 수월하게 작업할 수 있습니다.

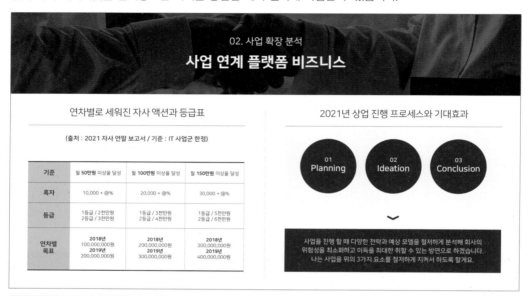

+PLUS 표를 포함한 슬라이드의 레이아웃을 잡을 때는 표의 크기를 먼저 파악해야 합니다. 표의 가로, 세로 길이를 파악한 후 표를 배치할 공간을 먼저 확보한 다음 레이아웃을 잡아야 디자인을 수월하게 할 수 있습니다.

파워포인트 표 기능 사용하기

만약 PPT에 표를 넣게 된다면 표를 직접 만들었을 때 커스터마이징하기 쉽고, 정렬 연습을 할 수 있다는 장점이 있기 때문에 직접 만드는 것을 추천합니다. 하지만 시간이 없고 급하게 표를 만들어야 할 경우 파워포인트에서 기본으로 제공하는 표의 기능을 사용하여 간단하게 표를 만드는 팁을 알려드리겠습니다.

01 먼저 [삽입]에서 [표]를 클릭하면 표를 몇 줄로 만들지 선택할 수 있습니다. '7x4 표'가 되도록 선택합니다.

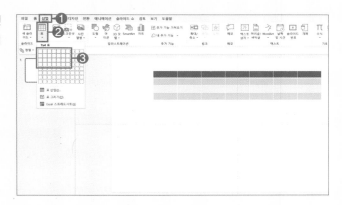

02 그리고 두번째 줄의 색깔을 바꾸기 위해 두번째 줄을 드래그해서 선택합니다.

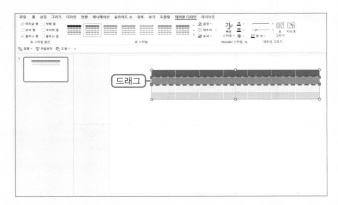

03 [표 스타일] – [음영]에서 원하는
색을 선택합니다.

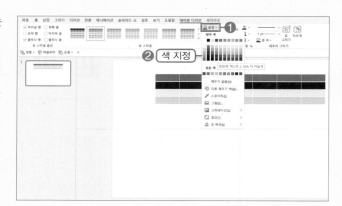

04 만약 표에 테두리를 넣고 싶다면 테두리를 넣고 싶은 영역을 드래그한 후 [표 스타일] – [테두리]에서
원하는 테두리 선택할 수 있습니다. 테두리의 선 종류와 굵기를 변경하고 싶다면 [테두리 그리기]에서 설정한
후 [테두리]를 클릭하여 적용 범위를 선택합니다.

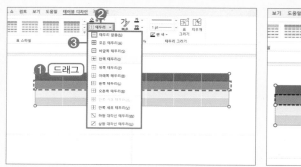

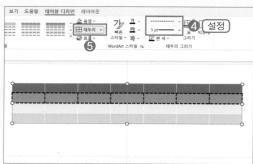

주의 [테두리] 아래 [효과]는 잘못 사용하면 디자인 자체가 망가질 수 있기 때문에 웬만하면 사용하지 않는 것을
추천합니다.

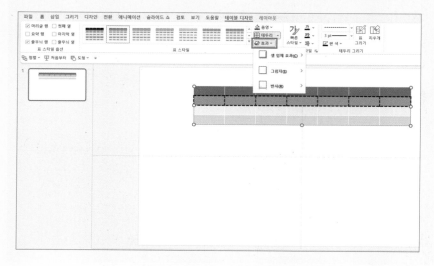

05 02~03과 같은 방법으로 나머지 칸의 색을 지정합니다. 그리고 각 행의 높이를 조절하려면 행 사이에 마우스 커서를 갖다 놓고 마우스 커서의 모양이 바뀌면 높이를 조절할 수 있습니다.

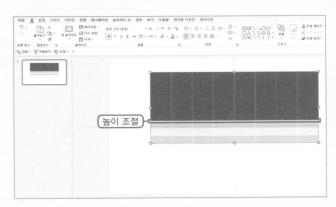

06 표에 텍스트를 입력하는 것은 텍스트 상자에 입력하는 것과 동일합니다. Ctrl + E 를 누르면 단락을 가운데로 정렬할 수 있습니다.

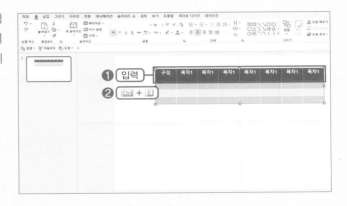

07 그리고 셀 중간에 텍스트를 입력하고 싶으면 [레이아웃] – [단락]에서 텍스트가 셀 중간에 오도록 설정할 수 있습니다. 이렇게 파워포인트에서 제공하는 표 기능을 활용하여 간단하게 표를 만들 수 있습니다.

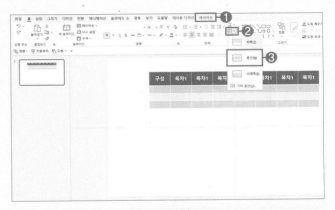

주의 Microsoft 365로 작업하였기 때문에 Microsoft 365 이하 버전으로 작업할 경우 메뉴가 그림과 다를 수 있습니다.

02 정렬이 다양한 표 디자인

앞에서는 정렬이 일정한 표를 만들었다면 이번에는 정렬이 다양한 표를 만들어보겠습니다. 그리고 슬라이드에 표를 배치하기 전에 표의 모양과 크기를 파악하여 표를 기준으로 전체 레이아웃을 잡은 후 표가 포함된 슬라이드의 디자인 방법에 대해 알아보겠습니다.

📁 완성파일 정렬이 다양한 표 디자인.pptx

: 미리보기

Before

IT 제품들	가격	수량	총매출
스마트폰 갤럭시 A시리즈	₩350,000	05	₩1,500,000
노트북 인텔 및 라이젠 코드팩	₩850,000	15	₩1,500,000
무선 이어폰 버즈 시리즈 및 로컬패드	₩150,000	35	₩1,500,000
냉장고 블루투스 서비스 장착	₩950,000	03	₩1,500,000
데스크탑 핵심 코어 장착	₩900,000	03	₩2,700,000
GRAND TOTAL			₩13,500,000

After

IT 제품군의 총 매출액

분당,판교 매장 IT매출 구성표

전국 매장 중에서 가장 평균 매출액이 큰, 그래서 가장 많은 표본을 추출 할 수 있는 분당 판교 매장의 매출을 뽑았습니다.

회사이름을 적어줍니다

IT 제품들	가격	수량	총매출
스마트폰 갤럭시 A시리즈	₩350,000	05	₩1,500,000
노트북 인텔 및 라이젠 코드팩	₩850,000	15	₩1,500,000
무선 이어폰 버즈 시리즈 및 로컬패드	₩150,000	35	₩1,500,000
냉장고 블루투스 서비스 장착	₩950,000	03	₩1,500,000
데스크탑 핵심 코어 장착	₩900,000	03	₩2,700,000
GRAND TOTAL			₩13,500,000

먼저 표로 만들어야 할 예시 슬라이드를 분석한 후 전체 레이아웃을 잡겠습니다.

01 예시 슬라이드를 보면 표를 정사각형 모양으로 만들 수 있는 것을 확인할 수 있습니다.

IT 제품들	가격	수량	총매출
스마트폰 갤럭시 A시리즈	₩350,000	05	₩1,500,000
노트북 인텔 및 라이젠 코드팩	₩850,000	15	₩1,500,000
무선 이어폰 버즈 시리즈 및 로컬패드	₩150,000	35	₩1,500,000
냉장고 블루투스 서비스 장착	₩950,000	03	₩1,500,000
데스크탑 핵심 코어 장착	₩900,000	03	₩2,700,000
GRAND TOTAL			**₩13,500,000**

02 정사각형 모양으로 표가 들어갈 공간을 확보한 후 목차 제목, 슬라이드 제목, 부제, 설명, 회사명 등의 텍스트 레이아웃을 잡습니다.

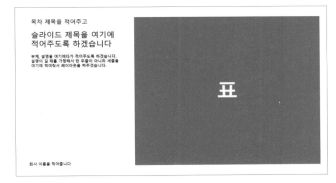

03 새로운 슬라이드 왼쪽 영역에 '검은색' 사각형을 그리고 [도형 서식]에서 '선 없음'으로 설정합니다.

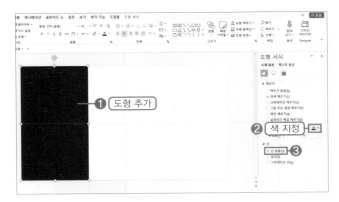

04 사각형 위에 미리 잡아놓은 텍스트 레이아웃대로 목차와 제목을 입력합니다. 목차 글꼴은 'G마켓 산스 Medium, 16pt', 제목 글꼴은 'G마켓 산스 Bold, 36pt', 색은 '흰색'으로 설정합니다.

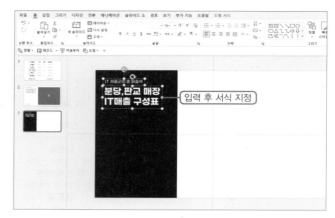

05 제목에서 강조할 '분당, 판교'를 드래그한 상태에서 [텍스트 옵션] – [페인트 아이콘(🖌️▾)] – [다른 색]을 클릭합니다. [색] 대화상자에서 [사용자 지정] 탭을 클릭한 후 빨강 228, 녹색 192, 파랑 90을 입력하고 [확인]을 클릭합니다.

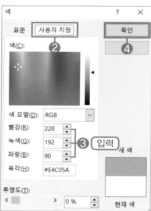

06 슬라이드 오른쪽 아래 부분에 회사명을 입력합니다. 글꼴은 'G마켓 산스 Medium', 크기는 '12pt', 색은 '흰색'으로 설정한 후 [도형 서식] – [텍스트 옵션]에서 투명도를 '50%'로 설정합니다.

07 제목 아래 설명 텍스트를 입력합니다. 글꼴은 'G마켓 산스 Medium', 크기는 '14pt', 색은 '흰색'으로 설정합니다.

08 설명 텍스트의 행간을 조정하기 위해 설명 텍스트를 선택하고 [홈] − [단락] − [줄 간격] − [줄 간격 옵션]을 클릭합니다.

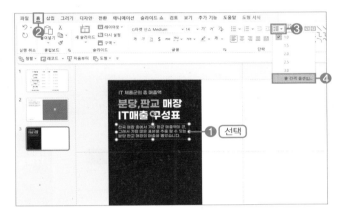

09 [단락] 대화상자의 [들여쓰기 및 간격] 탭에서 줄 간격을 '배수'로 설정하고 값으로 '1.1'을 입력한 후 [확인]을 클릭합니다.

이제 표를 만들어 보겠습니다.

01 표로 만들 예시 슬라이드를 보며 필요한 줄 개수를 파악합니다. 맨 윗줄과 맨 아랫줄을 제외한 6개의 줄을 그리겠습니다.

IT 제품들	가격	수량	총매출
스마트폰 갤럭시 A시리즈	₩350,000	05	₩1,500,000
노트북 인텔 및 라이젠 코드팩	₩850,000	15	₩1,500,000
무선 이어폰 버즈 시리즈 및 로컬패드	₩150,000	35	₩1,500,000
냉장고 블루투스 서비스 장착	₩950,000	03	₩1,500,000
데스크탑 핵심 코어 장착	₩900,000	03	₩2,700,000
GRAND TOTAL			**₩13,500,000**

02 메뉴의 [홈] – [그리기]에서 [선(＼)]을 클릭한 후 Shift를 누른 채 드래그하여 선을 그립니다.

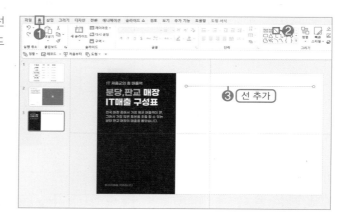

03 선의 색을 강조색으로 바꾸기 위해 선을 선택한 후 [도형 서식] – [페인트 아이콘(🖌▾)] – [다른 색]을 클릭합니다. [색] 대화상자의 [사용자 지정] 탭에서 빨강 228, 녹색 192, 파랑 90을 입력한 후 [확인]을 클릭합니다.

04 강조색으로 바꾼 선을 Ctrl + C 를 눌러 복사한 후 Ctrl + D를 눌러 원하는 간격에 배치합니다.

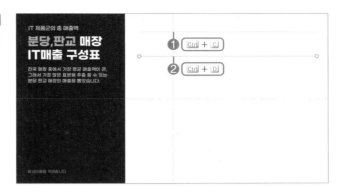

05 Ctrl을 누른 상태에서 D를 4번 더 눌러서 총 6개의 선을 일정한 간격 으로 복사합니다.

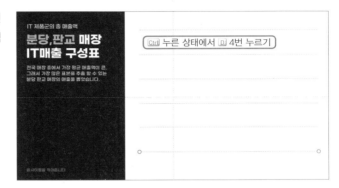

06 맨 위와 맨 아래 선을 선택한 후 [도형 서식]에서 선의 너비를 '2pt'로 설정합니다.

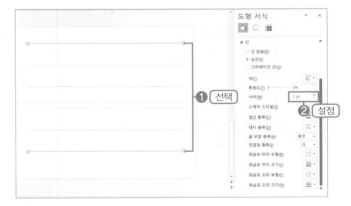

표 안에 텍스트를 입력한 후 이번에는 다양하게 정렬해 보겠습니다.

01 예시 슬라이드에서 텍스트를 가져옵니다. 'IT 제품들' 열에 있는 텍스트는 왼쪽, '가격'과 '수량' 열에 있는 텍스트는 가운데, '총매출' 열에 있는 텍스트는 오른쪽으로 정렬합니다. 다양한 정렬로 각각의 내용이 구분되는 표를 만들겠습니다.

IT 제품들	가격	수량	총매출
스마트폰 갤럭시 A시리즈	₩350,000	05	₩1,500,000
노트북 인텔 및 라이젠 코드팩	₩850,000	15	₩1,500,000
무선 이어폰 버즈 시리즈 및 로컬패드	₩150,000	35	₩1,500,000
냉장고 블루투스 서비스 장착	₩950,000	03	₩1,500,000
데스크탑 핵심 코어 장착	₩900,000	03	₩2,700,000
GRAND TOTAL			**₩13,500,000**

02 먼저 첫 번째 행에 있는 텍스트를 가져오겠습니다. 글꼴은 'G마켓 산스 Medium', 크기는 '12pt'로 설정합니다.

> **⚠ 주의** 이 단계에서 주의할 점은 'IT 제품들' 텍스트를 선택한 후 Ctrl + L을 눌러 왼쪽 맞춤으로 설정하고 왼쪽 끝 선에 배치하는 것입니다. '가격'과 '수량' 텍스트도 선택한 후 Ctrl + E를 눌러 가운데 맞춤으로 설정합니다. 마지막 '총매출' 텍스트도 선택한 후 Ctrl + R을 눌러 오른쪽 맞춤으로 설정하고 오른쪽 끝선에 배치해야 합니다.

03 첫 번째 행을 제외한 나머지 텍스트도 모두 가져옵니다.

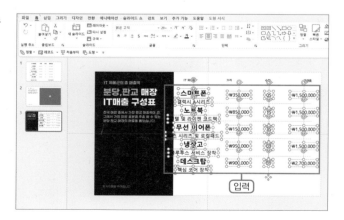

04 '스마트폰' 텍스트 글꼴을 'G마켓 산스 Bold', 크기는 '20pt', 색은 강조색 으로 설정한 후 Ctrl + L 을 눌러 왼쪽 맞춤으로 설정합니다.

05 '갤럭시 A시리즈' 텍스트 글꼴은 'G마켓 산스 Medium', 크기는 '14pt' 로 설정합니다. 그리고 [텍스트 옵션]에 서 투명도를 '30%'로 설정한 후 Ctrl + L 을 눌러 왼쪽 맞춤으로 설정합니다.

06 '갤럭시 A시리즈' 텍스트 서식 을 Ctrl + Shift + C 를 눌러 복사한 후 오른쪽 숫자 텍스트 3개를 모두 선 택하고 Ctrl + Shift + V 눌러 붙여넣 기 합니다. '₩350,000'과 '05' 텍스트 는 Ctrl + E 를 눌러서 가운데 맞춤, '₩1,500,000' 텍스트는 Ctrl + R 을 눌러 오른쪽 맞춤으로 설정합니다.

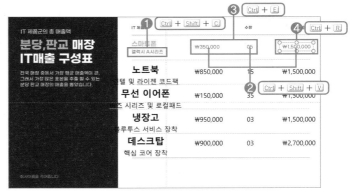

07 '스마트폰' 텍스트를 선택한 후 Ctrl + Shift + C 를 눌러 서식을 복사합니다. 그리고 '노트북', '무선 이어폰', '냉장고', '데스크탑' 텍스트를 선택하여 Ctrl + Shift + V 를 눌러 서식을 붙여넣기 합니다.

08 서식을 복사한 후 텍스트를 모두 선택한 상태에서 [홈] – [그리기] – [정렬] – [맞춤] – [왼쪽 맞춤]을 클릭합니다.

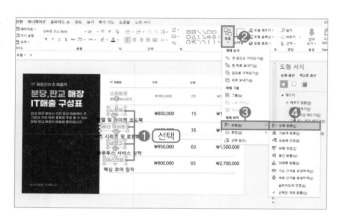

09 텍스트를 왼쪽으로 정렬한 후 방향키 → 를 눌러 선에 맞춰 배치합니다.

10 '갤럭시 A시리즈' 텍스트를 선택한 후 Ctrl + Shift + C를 눌러 서식을 복사합니다. 그리고 '인텔 및 라이젠 코드팩', '버즈 시리즈 및 로컬패드', '블루투스 서비스 장착', '핵심 코어 장착' 텍스트를 선택하여 Ctrl + Shift + V를 눌러 서식을 붙여넣기 합니다.

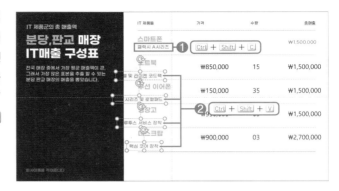

11 08~09 단계와 마찬가지로 서식을 복사한 후 텍스트를 모두 선택한 상태에서 [홈] – [그리기] – [정렬]을 클릭하고 A, L을 순서대로 눌러서 정렬합니다. 방향키 →를 눌러 선에 맞춰 배치합니다.

+PLUS A, L은 [홈] – [그리기] – [정렬] – [맞춤] – [왼쪽 맞춤]의 단축키입니다.

12 '가격', '수량', '총매출' 열에 있는 텍스트 모두 06과 동일한 과정으로 텍스트 서식을 복사한 후 가운데 맞춤과 오른쪽 맞춤으로 설정합니다.

13 세로 간격을 일정하게 통일하기 위해 'IT 제품들' 열에 있는 텍스트의 간격을 대략적으로 맞춘 후 '스마트폰'과 '갤럭시 A시리즈' 텍스트를 Ctrl + G를 눌러 그룹화합니다.

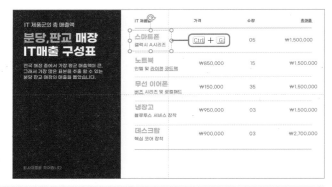

+PLUS 슬라이드 배경을 마우스 오른쪽 버튼으로 클릭하고 [눈금 및 안내선] – [스마트 가이드]에 체크하면 파워포인트의 스냅기능이 켜져 Shift 누르고 마우스를 움직이는 것만으로도 대략적으로 정렬할 수 있습니다.

14 그룹화한 후 '스마트폰' 행에 있는 텍스트를 모두 선택합니다. [홈] – [그리기] – [정렬]을 클릭한 후 A, M을 순서대로 눌러서 정렬합니다. 마지막으로 Ctrl + G를 눌러 첫 번째 행을 그룹화합니다.

+PLUS A, M은 [홈] – [그리기] – [정렬] – [맞춤] – [중간 맞춤]의 단축키입니다.

15 첫 번째 행을 제외한 모든 텍스트도 13~14 단계와 똑같이 실행합니다.

16 선 6개와 5개의 그룹 개체를 드래그하여 모두 선택하고 [홈] – [그리기] – [정렬]을 클릭한 후 A, V를 순서대로 눌러 세로 간격을 동일하게 정렬합니다.

> **+PLUS** A, V는 [홈] – [그리기] – [정렬] – [맞춤] – [세로 간격을 동일하게]의 단축키입니다.

17 세로 간격을 정렬한 후 Ctrl + Shift + G를 눌러 모든 그룹화를 해제합니다.

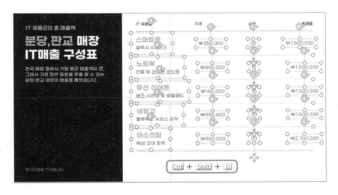

18 그룹화를 해제한 후 '가격' 열에 있는 텍스트를 모두 선택하고 [홈] – [그리기] – [정렬]을 클릭한 후 A, C을 순서대로 눌러서 정렬합니다.

> **+PLUS** A, C는 [홈] – [그리기] – [정렬] – [맞춤] – [가운데 맞춤]의 단축키입니다.

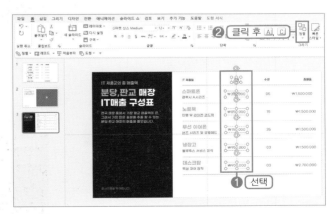

19 '수량' 열에 있는 텍스트도 모두 선택하고 [홈] – [그리기] – [정렬]을 클릭한 후 Ⓐ, Ⓒ을 순서대로 눌러서 정렬합니다.

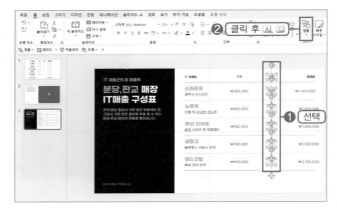

20 '총매출' 열에 있는 텍스트도 모두 선택하고 [홈] – [그리기] – [정렬]을 클릭한 후 Ⓐ, Ⓡ을 순서대로 눌러서 정렬합니다. 정렬 후 방향키 →를 눌러 선에 맞춰 배치합니다.

+PLUS Ⓐ, Ⓡ은 [홈] – [그리기] – [정렬] – [맞춤] – [오른쪽 맞춤]의 단축키입니다.

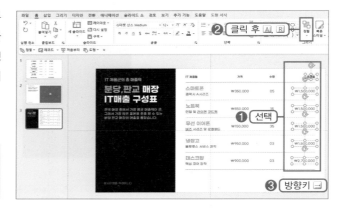

21 마지막으로 예시 슬라이드에서 'GRAND TOTAL'과 '₩13,500,000' 텍스트를 가져와 글꼴을 'G마켓 산스 Bold', 크기는 '14pt', 색은 강조색으로 설정합니다.

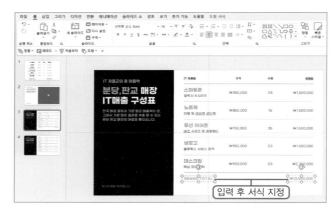

22 표 전체를 선택하여 방향키로 위, 아래 여백을 맞춰 줍니다.

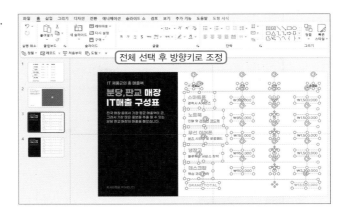

23 정렬이 다양한 표 디자인이 완성되었습니다.

IT 제품군의 총 매출액

분당,판교 매장
IT매출 구성표

전국 매장 중에서 가장 평균 매출액이 큰,
그래서 가장 많은 표본을 추출 할 수 있는
분당 판교 매장의 매출을 뽑았습니다.

회사이름을 적어줍니다

IT 제품들	가격	수량	총매출
스마트폰 갤럭시 A시리즈	₩350,000	05	₩1,500,000
노트북 인텔 및 라이젠 코드팩	₩850,000	15	₩1,500,000
무선 이어폰 버즈 시리즈 및 로컬패드	₩150,000	35	₩1,500,000
냉장고 블루투스 서비스 장착	₩950,000	03	₩1,500,000
데스크탑 핵심 코어 장착	₩900,000	03	₩2,700,000
GRAND TOTAL			₩13,500,000

+PLUS 만약 예시 자료가 없는 상태에서 표의 내용을 처음부터 채워야 하는 경우 디자인 방법을 알려드리겠습니다.

01 우선 첫 번째 행의 텍스트를 왼쪽, 가운데, 오른쪽 정렬을 맞춰 입력한 후 Ctrl + G 를 눌러 그룹화합니다.

02 Ctrl + C , Ctrl + D 복제 기능을 사용해서 첫 번째 행의 텍스트를 일정한 간격으로 복사합니다.

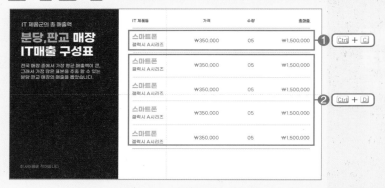

03 가로 선과 그룹화한 텍스트 5개를 같이 선택한 후 [홈] – [그리기] – [정렬]을 클릭하고 A , V 를 순서대로 눌러서 정렬합니다.

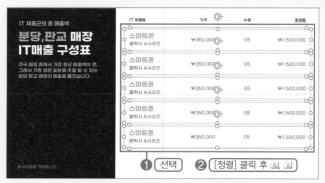

04 Ctrl + Shift + G 를 눌러 그룹화를 해제한 후 각각의 텍스트를 수정합니다. 각각의 텍스트가 왼쪽, 가운데, 오른쪽으로 미리 정렬되어 있기 때문에 수치를 수정해도 정렬이 흐트러지지 않습니다.

03 픽토그램을 활용한 표 디자인

표를 디자인할 때 직관성을 높이고 싶다면 픽토그램을 사용하는 것을 추천합니다. 표의 내용을 처음부터 채우는 과정과 픽토그램을 사용하여 표를 디자인하는 방법에 대해 알아보겠습니다.

📁 **완성파일** 픽토그램을 활용한 표 디자인.pptx

: 미리보기 ●●●

	🏢 건물 형식	🏢 건물 형식	🏙 건물 형식	🏢 건물 형식
헬기 착륙	착륙 가능	착륙 가능	착륙 불가능	착륙 불가능
실용도	다양한 사무실 입주 가능	식당 및 학원가 입주 가능	다양한 사무실 입주 가능	식당 및 학원가 입주 가능
주차 가능	지하 5층까지 주차장 이용	지하 2층까지 주차장 이용	지하 3층까지 주차장 이용	지하 1층까지 주차장 이용
지진 대비	지진대비 설계	지진대비 설계	지진대비 설계	지진대비 설계

- **표 가로(기준) 글꼴** G마켓 산스 Medium
- **표 가로(기준) 크기** 16pt
- **표 세로(기준) 글꼴** G마켓 산스 Bold
- **표 세로(기준) 크기** 18pt
- **표 내용 글꼴** G마켓 산스 Medium
- **표 내용 크기** 14pt
- **표 내용 투명도** 50%

예시 자료가 없는 상태에서 표의 내용을 처음부터 채우는 과정이기 때문에 먼저 표의 테두리를 만들겠습니다.

01 메뉴의 [홈] – [그리기]에서 [선(◁)]을 클릭한 후 [Shift]를 누른 채 드래그 하여 선을 그립니다.

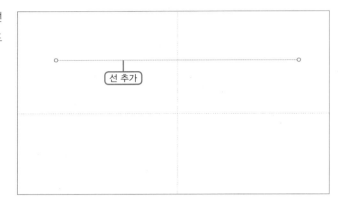

02 선을 그린 후 [Ctrl] + [C]를 눌러 복사하고 [Ctrl] + [D]를 눌러 원하는 간격에 배치합니다.

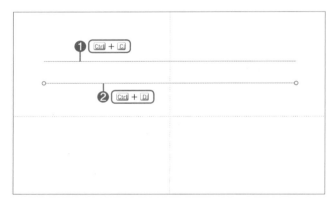

03 [Ctrl]을 누른 상태에서 [D]를 3번 더 눌러서 총 5개의 선을 일정한 간격으로 복사합니다. 세로 간격을 넓히기 위해 마지막 선을 클릭해서 [Shift] 누른 상태로 이동합니다.

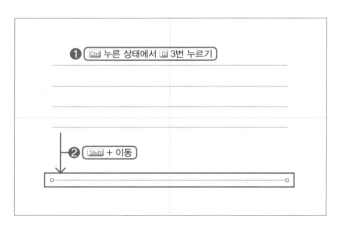

04 Ctrl + A를 눌러서 모든 선을 선택한 후 [홈] – [그리기] – [정렬]을 클릭하고 A, V 순서대로 눌러서 정렬합니다.

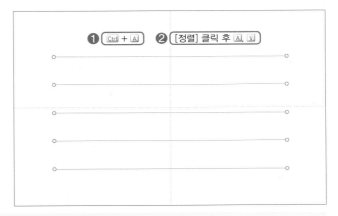

PLUS A, V는 [홈] – [그리기] – [정렬] – [맞춤] – [세로 간격을 동일하게]의 단축키입니다.

05 [도형 서식]에서 선의 색을 모두 '검은색'으로 변경한 후 맨 위와 맨 아래의 선 너비를 '2pt'로 설정합니다.

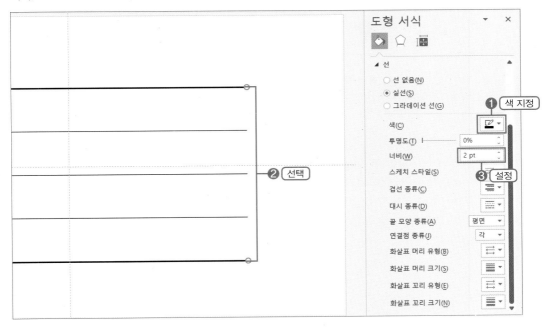

픽토그램을 넣은 표 디자인하기

픽토그램을 사용해 표를 디자인하는 방법에 대해 알아보겠습니다.

01 픽토그램을 다운받기 위해 Flaticon(www.flaticon.com)에 접속한 후 'building'을 검색하여 원하는 픽토그램 4개를 PNG파일로 다운로드합니다.

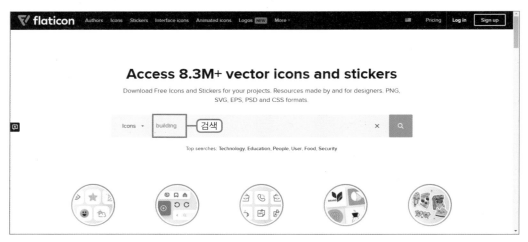

주의 픽토그램은 선의 굵기와 형태가 비슷한 것으로 다운받아야 합니다. 어느 것은 색이 있고, 어느 것은 색이 없거나 선의 굵기가 다르면 디자인의 통일성이 떨어지기 때문에 비슷한 픽토그램으로 선택해야 합니다.

02 다운로드받은 픽토그램을 파워포인트로 가져온 후 적절히 배치합니다. 정렬을 맞추기 위해 픽토그램을 모두 선택한 후 [홈] – [그리기] – [정렬] – [맞춤] – [가로 간격을 동일하게]를 클릭합니다.

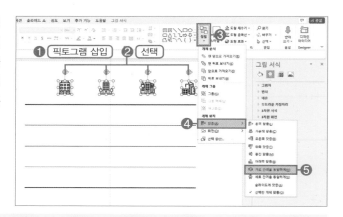

PLUS 지금은 연습 단계이기 때문에 대략적으로 통일성 있는 픽토그램을 선택하였지만 여러분들이 실전에서 작업할 때는 전체적인 디자인을 고려하여 픽토그램을 매우 신중하게 선택하고 서식이 비슷한 픽토그램을 오랜 시간 찾아야 합니다.

03 픽토그램 아래 텍스트를 입력합니다. 글꼴은 'G마켓 산스 Medium', 크기는 '16pt'로 설정합니다. 텍스트를 선택하고 Ctrl + E를 눌러 가운데 맞춤으로 설정합니다.

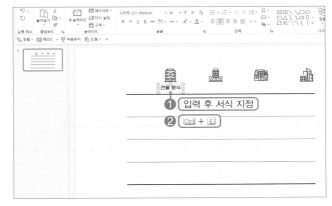

04 Ctrl + C를 눌러 텍스트를 복사한 후 Ctrl + D를 눌러 원하는 간격에 배치합니다. 그리고 Ctrl을 누른 상태에서 D를 2번 더 눌러서 총 4개의 텍스트를 일정한 간격으로 복사합니다.

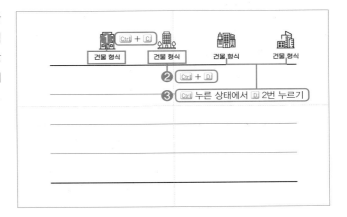

05 이제 세로 열에 텍스트를 입력하기 위해 '건물 형식' 텍스트를 복사한 후 Ctrl + L을 눌러서 왼쪽 맞춤으로 설정합니다.

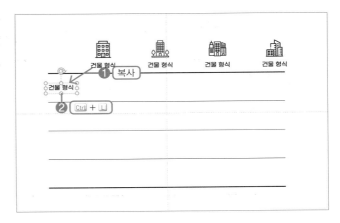

06 Ctrl + C 를 눌러서 복사한 후 Ctrl + D 를 눌러 원하는 간격에 배치합니다. 그리고 Ctrl 을 누른 상태에서 D 를 2번 더 눌러서 총 4개의 텍스트를 일정한 간격으로 복사합니다.

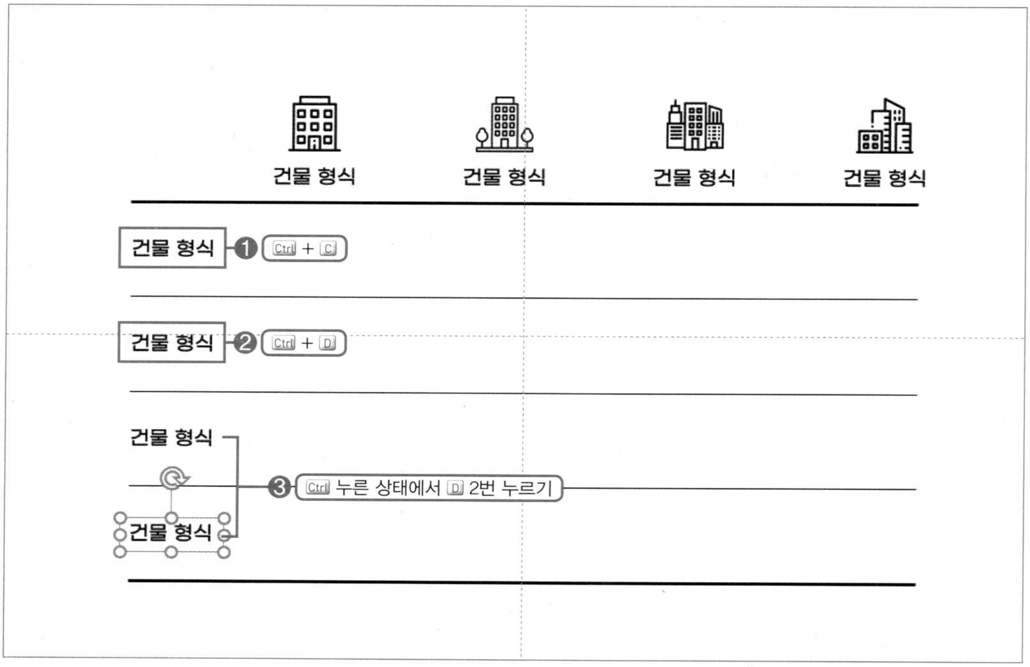

+PLUS 슬라이드 배경을 마우스 오른쪽 버튼으로 클릭하고 [눈금 및 안내선] – [스마트 가이드]에 체크하면 아래 그림처럼 스냅기능이 적용되어 정렬을 쉽게 맞출 수 있습니다.

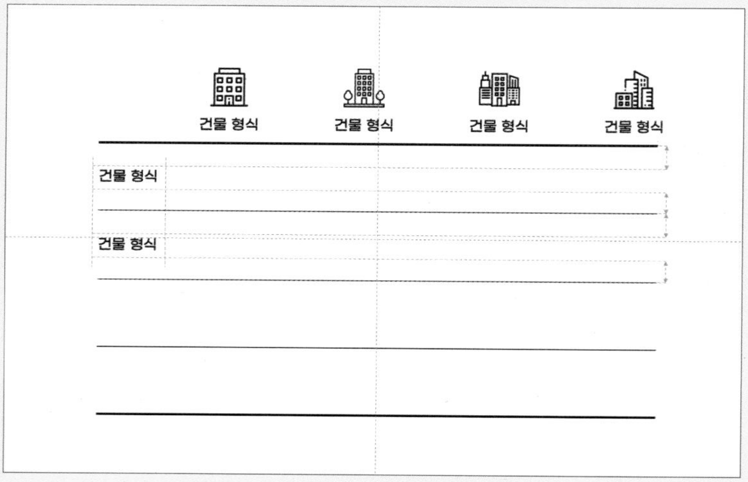

07 복사한 모든 텍스트를 선택한 후 글꼴은 'G마켓 산스 Bold', 크기는 '18pt'로 설정하고 내용을 수정합니다.

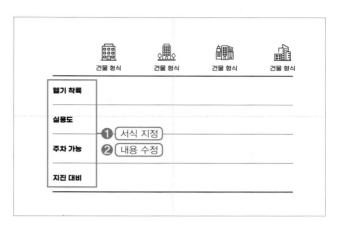

08 표의 나머지 공간에 텍스트를 입력 하기 위해 우선 '건물 형식' 텍스트 4개 를 Ctrl + C 를 눌러 모두 복사한 후 Ctrl + D 를 눌러 원하는 간격에 배치 합니다.

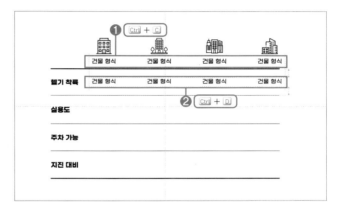

+PLUS Microsoft 365 버전으로 작 업하고 있다면 스냅기능을 사용하여 마 우스로 이동하는 것이 좋습니다.

09 Ctrl 을 누른 상태에서 D 를 3번 더 눌러서 총 4개의 텍스트를 일정한 간격으로 복사합니다. 그리고 각각의 세로 열 텍스트를 Ctrl + G 를 눌러 총 4개의 그룹으로 그룹화합니다.

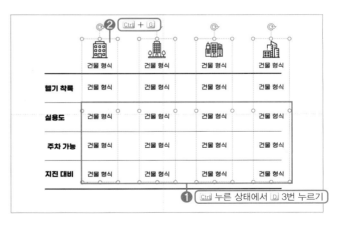

10 가장 왼쪽에 있는 그룹 텍스트를
오른쪽으로 조금 이동합니다.

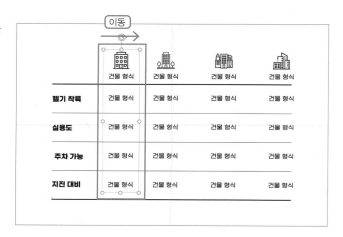

11 그룹 텍스트를 모두 선택한 후 [홈]
– [그리기] – [정렬] – [맞춤] – [가로 간
격을 동일하게]를 클릭합니다.

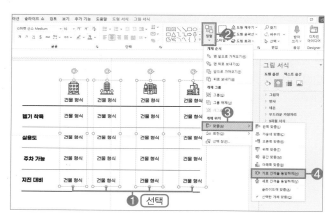

12 Ctrl + Shift + G를 눌러 그
룹화를 해제한 후 텍스트의 내용을 수
정합니다.

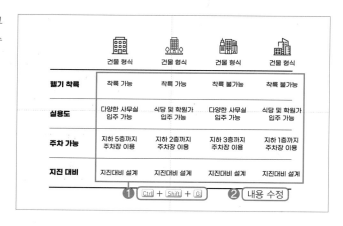

13 표 안쪽에 있는 텍스트를 모두 선택한 후 Ctrl + I 를 눌러 크기를 '14pt'로 설정합니다. 마지막으로 [도형 서식]에서 투명도를 '50%'로 설정하면 픽토그램을 넣은 표 디자인이 완성되었습니다.

+PLUS Ctrl + I 단축키가 실행되지 않으면 Ctrl + Shift + < 단축키로 텍스트 크기를 줄일 수 있습니다. 텍스트를 가운데 맞춤으로 설정해놓았기 때문에 텍스트의 크기나 내용을 수정하여도 정렬이 크게 어긋나지 않습니다. 텍스트의 정렬을 미리 설정해놓으면 텍스트를 편집하기도 쉽고, 정렬 연습이 습관이 되면 파워포인트 디자인 실력과 감각도 빠르게 향상될 것입니다. 표를 완성한 후 강조색을 사용하거나 픽토그램에 색을 넣는 등 앞에서 배웠던 디자인을 응용할 수 있습니다.

실무에서 바로 쓰는
파워포인트 디자인

초판 2쇄 발행	2023년 03월 20일
초 판 발 행	2022년 12월 13일
발 행 인	박영일
책 임 편 집	이해욱
저 자	피도리
편 집 진 행	정민아
표지디자인	김지수
편집디자인	신해니
발 행 처	시대인
공 급 처	(주)시대고시기획
출 판 등 록	제 10-1521호
주 소	서울시 마포구 큰우물로 75 [도화동 538 성지 B/D] 6F
전 화	1600-3600
홈 페 이 지	www.sdedu.co.kr
I S B N	979-11-383-3734-2[13000]
정 가	20,000원

시대인은 종합교육그룹 (주)시대고시기획 · 시대교육의 단행본 브랜드입니다.